MAT GIOI

# Deux années de lutte

1890-1891

**Deuxième édition**

PARIS
NOUVELLE LIBRAIRIE PARISIENNE
ALBERT SAVINE, ÉDITEUR
12, Rue des Pyramides, 12

Tous droits réservés

# DEUX ANNÉES DE LUTTE

# MAT GIOI

# DEUX ANNÉES DE LUTTE

## 1890-1891

## PARIS
NOUVELLE LIBRAIRIE PARISIENNE
ALBERT SAVINE, ÉDITEUR
12, RUE DES PYRAMIDES, 12

Tous droits réservés

*En souvenir des courages et des dévouements rencontrés parmi les Annamites, derniers venus, selon l'époque, mais non selon les vertus, dans la famille française, j'ai écrit ces lignes.*

Janvier 1892.

### Cartes à consulter :

1º Postes militaires du Tonkin, dans le *Tonkin actuel*.
2º Carte provisoire du Tonkin, quatre feuilles, par le commandant Berthaut.

# DEUX ANNÉES DE LUTTE

## CHAPITRE PREMIER

### ORGANISATION DES REBELLES AU TONKIN

La résistance légale : haut Delta et Dongtrieu : Luuky. Fleuve Rouge : De Keu, Doc Ngu. — La résistance ultra légale : Delta : Thant ha Thuat. — La résistance indépendante : les Thôs : sur le Songchai, Than Giat et Nguyen Trieu Trong. — Sur la rivière Claire : Hoang Thang Loï et Aquoc Thuong.

Depuis la prise de Ham Nghi, et la retraite semi-volontaire de Thanta Thuyêt à Quang Tou, l'autorité du jeune roi, proscrit d'abord, exilé ensuite, n'avait jamais cessé d'être représentée dans le Delta par des agents très actifs. Le plus célèbre, le plus puissant avait certainement été Bô Giap, qui, du fond du Thanh Hoadao, nous avait longtemps tenus en échec, avait ameuté tout le bas Tonkin contre nous, et dont la mort mystérieuse, au fond d'un sampan, sous une balle perdue, couronnaît tragiquement une vie fertile en agitations de toute sorte.

Son héritage avait été transmis, de par la volonté de Thuyêt en personne, à deux chefs riches et influents, qui se partagèrent le Delta, soi-disant pour le garder au nom de Ham Nghi, en réalité pour s'y installer solidement dans quelques positions naturellement défendues, et, de là, nous causer tous les désagréments possibles.

Le premier de ces chefs fut Luuky, mi-Annamite, mi-Chinois, qui, en 1889, mit le branle-bas dans tout le Luengan et installa les célèbres bandes de Deogia et d'Anchau. Il recrutait ses partisans, au moins pour les deux tiers, parmi les Chinois, libérés des armées du Quang Ton et du Quang Si, qui passaient notre frontière depuis Moncay jusqu'aux portes de Nachy et de Kycha.

Il n'entretenait de relations avec les régions basses que celles qui étaient juste nécessaires pour la contrebande d'opium, qu'il faisait en grande quantité (il en avait de grandes réserves dans le haut Luengan), et pour ses relations avec Thant ha Thuat, le chef des rebelles du Baysay, dont il réglait, conformément aux siennes, les attaques et les retraites successives.

Son centre d'opérations était dans le Luengan et le Dongtrieu, et dans les hautes provinces de Moncay et de Quangyên; il n'en sortait guère, ne se hasardant pas dans les plaines rases et n'aimant pas confier ses troupes à des chefs subalternes. Non pas pirate, mais, dans toute la vigueur du terme, rebelle, il avait construit des fortins d'arrêt aux extrémités de ce qu'il considérait comme son royaume, et nous tenait en échec jusqu'aux portes de Dongtrieu.

Mais en dehors du pays qu'il parcourait sans cesse, son influence était nulle, et cela tenait à ses relations et à son entourage, presque exclusivement chinois. Les populations du Delta ne le supportaient qu'avec peine et lui préféraient de beaucoup les petits chefs pillards Annamites. C'est ce qui explique que, malgré les forces vraiment redoutables dont il disposait, malgré les Winchester, les Remington, et les Snyders achetés en grande quantité sur le marché libre de Hong-Kong, il ne fut jamais un embarras sérieux dans les portions basses, riches et fertiles du Delta.

.˙.

Toute la partie du Tonkin au sud du fleuve Rouge était dévolue au Dedoc Keu, appelé par abréviation De Keu, véritable successeur de Bô Giap, possesseur de son sceau et de ses papiers, grand seigneur, propriétaire d'une immense fortune territoriale, aidé en sous-main par ceux des mandarins de Hué qui ne nous supportaient encore qu'avec peine. De Keu n'était pas seulement un partisan, ou le représentant contre nous de la défense du pays ou du vieil esprit national : c'était encore le défenseur des opprimés et le secours de tous les ruinés de notre occupation et de nos colonies. Partout où nous allons, et quelque bonne volonté qu'y mettent les chefs, nous laissons, en effet, de regrettables traces de notre passage. Une maison avait-elle été détruite? un buffle avait-il disparu? A peine étions-nous partis que De Keu renvoyait au paysan lésé un buffle ou le prix de sa maison.

Sa fortune était considérable. Sans parler de ce que Tuyèt lui avait laissé du trésor de Hué, ni des subsides annuels que les puissants mandarins d'Annam lui faisaient passer secrètement pour son œuvre de révolte, il possédait toute la rive droite du fleuve Rouge, depuis Ngoilao jusqu'à l'embouchure de la rivière Noire, où il y a de magnifiques rizières, et, de là, jusqu'au pied des montagnes de Phùyèn. C'est sur ces terres que poussaient les fameuses mandarines de Cactui, et la table même de l'empereur était, pour bien des choses, tributaire du plus redoutable et du moins soumis de ses sujets. Tous ses biens étaient administrés par de simples nhaqués, hommes de paille, avec qui il avait consenti des ventes fictives, morcelant son immense domaine en infinitésimales parcelles, rendant ainsi impossible toute contrainte, toute saisie, tout contrôle.

Adoré de ce peuple qu'il soutenait de son argent et de ses exemples, De Keu vivait tranquille, narguant les reconnaissances, les colonnes et les embuscades des postes dont il était entouré. Autour de Cactrù, sa résidence habituelle, un véritable réseau était constitué : à droite, c'était Camkhé; à gauche, Phuongooc; en arrière, Vanban; en face, Than-Ba et Phaothanh. Une canonnière sillonnait le lac de Rung-Già, à cinq cents mètres de Cactru; rien n'y faisait. Pas un mouvement ne pouvait se produire dans un de ces postes sans que De-Keu n'en fût de suite prévenu, soit par les villages, soit par ses fidèles épars un peu partout, jusque dans les tirailleurs et les miliciens chargés de lui courir après. Une petite barque, trainée sur la vase, hors de portée de la canonnière impuissante, portait De Keu de l'autre côté du lac Rung-Gia, et là, au milieu de ses mandariniers, son palanquin à côté de lui, il attendait, avec sa garde à cheval, tout prêt, par les sentiers des montagnes, à aller s'installer chez ses compagnons, les rebelles du haut Phùyen. Il est donc absolument imprenable, et mourra seulement de sa belle mort, ou comme Bô Giap, par hasard, et obscurément, d'une main inconnue.

Chargé de grands intérêts, dirigeant en sous-main vers un but unique les plus vastes provinces du Tonkin, De Keu, qui d'ailleurs a déjà dépassé la soixantaine, n'opère jamais lui-même, et je ne crois pas qu'il y ait d'exemple qu'il ait commandé offensivement, et qu'il se soit trouvé en face de nous; mais il a une quantité considérable de lieutenants, qui se partagent la surveillance des villages amis, et le pillage des villages ennemis, et qui sont soumis à De Keu comme l'esclave au maître. Ces positions qui sont données par De Keu avec un grand apparat et un simulacre légal, sont convoitées par une quantité d'individus qui ont déjà donné des gages à la rébellion, et De Keu, qui n'a que l'embarras du choix de ses collaborateurs, peut se montrer difficile dans ses nominations, et dur dans ses exigences.

C'est ainsi que, en deux circonstances bien connues, il fit preuve à la fois d'une grande sévérité contre ses collaborateurs infidèles, et d'une grande sollicitude pour les populations qui se confiaient en lui. Un de ses chefs de partisans avait manifesté certaines velléités d'indépendance; c'était, je crois, Doidau. De-Keu l'arracha à ses hommes et l'envoya comme coolie fumer les terres de Thanh-

Hoadao. Un autre de ses lieutenants, Docthùng, avait, malgré ses ordres, incendié et pillé un village. De Keu lui saisit ses biens, les garda jusqu'à ce qu'il eût rendu au village l'équivalent des sommes perdues, et le fit ensuite décapiter sur les lieux mêmes, en faisant publier que les Français seuls détruisaient, et que ceux qui les imitaient ne méritaient pas d'être les défenseurs du bon droit.

De même que Thanh-Hoadao du temps de Bô Giap, c'était le territoire de Yènlanh qui fournissait aux partisans de De Keu leurs refuges, leurs passages, leurs magasins, et leur recrutement le plus assuré. C'était merveilleusement choisi pour un chef de parti du Delta. A deux heures seulement de la ligne militaire (Ngoctap-Thanba), qui n'est qu'une ligne d'obturation et de défense et ne peut nulle part être une ligne d'attaque; à la limite du Phu de Lam Tao, sur lequel les réquisitions devenaient faciles; au centre de populations assez ramassées, loin de nos centres d'action, séparés de nous, d'un côté par la rivière Claire, de l'autre par le fleuve Rouge, sous deux passages difficiles et longs, les refuges de Yen-

Lanh avaient de plus l'avantage d'être au pied des montagnes du Song-Chai et d'être assez rapprochés du rebelle Nguyen Trieu Trong, auquel on pouvait très facilement, le cas échéant, demander asile ou faire appel. Docthuong, qui ne fut pas remplacé après sa mort (la création du poste de Phaothanh rendant trop difficile l'accès fréquent de ce repaire), était le chargé d'affaires de De Keu dans cette région ; il percevait l'impôt régulier du phu de Lam Tao, et veillait par Ghaothanh et Nguxuyên, au passage des recrues de la bande ; il opérait par lui-même. Les démonstrations armées étaient faites par le doc Ngù, qui remporta là ses premiers triomphes, et qui plus tard confia aux Lithuongs des sept Yênlanh le soin de tourmenter nos postes.

Le phu de Vinhtüong était tenu en haleine par le doc Khoât, le doc Giang et le doc Nani. Ce dernier fut pris au mois de septembre 1890 par la garde civile et emprisonné à Sontay : c'était pour le délivrer que le doc Ngu incendia la prison du Tongdoc de Sontay (le 8 octobre 1890), et remit en liberté en même temps que le doc Giamg cent soixante-quatorze prisonniers, dont pas mal de récidivistes.

La province basse de Sontay était partagée en trois portions, suivant les rebelles, et dévolues ainsi qu'il suit :

L'ex-caitong de Phulang tenait la route de Sontay à Hanoï.

Huu, milicien déserteur, un ancien boy de l'inspecteur D..., compatriote du doc Ngù, et auquel la complaisance inconsciente de son maitre avait laissé voler trois mille cartouches en magasin, occupait la région de Thac-That-Yenlé. Le doc Daï tenait le Rùngday, sa patrie (il était né à Lüongkhé, où il était marié et où nous avons plus d'une fois brûlé ses maisons et ruiné ses propriétés) et empêchait le passage de la rive droite de la rivière Noire tandis que en face, vers Habi et Laphù, le doc Düc gardait la gauche; le doc Ngù, avec son camp soigneusement caché et retranché au fond de la vallée de l'ancien poste de Yènlang, opérait sur la province de Hùng-Hoa, et se réservait les opérations sérieuses dans toutes régions soumises au De Keu, supérieur qu'il était à tous les petits chefs rebelles par son savoir-faire et par le nombre de ses partisans.

Des bandes rebelles alliées de De Keu, mais non soumises à lui, parcouraient, les unes le Myduc, sous le commandement de Thanh Hüg, ex-quan-huyên de Cogioi; les autres le haut Phuyên (route de Hünghoa à Van-Yên), sous la direction de leurs chefs chinois particuliers.

Telle était la physionomie de la rébellion au nom de Hamnghi au milieu d'avril 1890.

.˙.

La situation se compliquait par l'apparition d'un tas de voleurs et de pillards, qui ont toujours existé en Annam, mais en plus grand nombre aux époques de misère, et auxquels on donne génériquement le nom de pirates. En général ce n'était pas sérieux : corsaires d'un village pauvre allant rançonner un village riche; habitants d'une région maltraitée allant piller les voisins favorisés par la récolte. Il y y en avait un peu partout dans le Tonkin; ces incendiaires étaient, la veille de leur attaque, et redevenaient, le lendemain, de braves nhaqués occupés à leur riz, qu'il eût été bien difficile de distinguer dans la masse. C'est pourquoi ce genre de piraterie, qui n'est que l'instinct du vol développé, et l'oubli complet du droit de propriété, a toujours existé au Tonkin, et que les souverains d'Annam ne faisaient plus aucun effort pour le faire disparaître.

Ces pirates ne devenaient dangereux que lorsque, traqués partout, ils se réunissaient, volontairement ou non, dans une région quelconque, et formaient alors une agglomération armée qu'un chef rebelle venait réglementer, commander et jeter sur nous. C'est ce que firent en 1889 Doï Van et Tuan Van, qui furent, l'un décapité à Hanoï, l'autre tué par des nhaqués à l'assaut d'un village (son fils s'engagea comme linh et eut la tête tranchée au moment où il allait nous trahir). C'est ce que fait aujourd'hui Thant ha Thuat dans le Baysay, d'où il vient seulement d'être chassé, mais où il a conquis une si sérieuse influence que les trois quarts de ses partisans se sont retirés avec lui dans les montagnes du Dongtrieu et du Luengan, donnant la main à Luuki, nous tenant aussi en échec, et nécessitant dans la région un grand effort militaire, qui sera la première manifestation guerrière des nouveaux systèmes de M. de Lanessan.

Ces deux résistances, l'une, extra-légale, celle des pirates que tout le monde pourchassait, même nos ennemis, et de laquelle il ne serait pas difficile de venir à bout en armant les villages et les chefs de canton d'une façon judicieuse et permanente ; l'autre dite résistance légale, au nom du roi d'Annam détrôné en 1885 par la folie ambitieuse du général de Courcy : ces deux résistances constituent actuellement tout l'effort, physique et moral, de l'Annamite contre la conquête. La seconde résistance pourrait être abattue par des opérations régulières, des colonnes sérieuses, sur la formation et l'œuvre desquelles je m'étendrai plus loin, et surtout par la disparition de la cause, ce Mamnghi, que nous nourissons à Alger à ne rien faire, dont le nom seul fait bondir encore la moitié des cœurs d'Annam, restés fidèles au souvenir du direct descendant des Gialong, et dont la fin, rendant légitimes à la fois Dongkhanh mort et Thanhtai vivant, éteindrait du coup toute rébellion.

*.*

Mais nous avons ailleurs nos plus sérieux adversaires, l'ennemi véritable, qui combat pour son indépendance, pour sa liberté commerciale, parfois pour la Chine, qui a des fusils, des vivres, des canons, qui a des troupes embrigadées, un territoire au milieu ou au bout du nôtre, où nous n'osons pas mettre les pieds, et qui finalement se moque triomphalement de nous et de nos impuissants efforts. Ce sont les Mans et les Thôs de la basse rivière Noire, les contrebandiers et les envahisseurs de Songchai, et les Chinois de la haute rivière Claire.

Parmi eux, les groupes de la rivière Noire marchent à part : les autres s'allient parfois, et Hoang Thanghaï est, de Yêmbai à la frontière chinoise de Hayang, le chef reconnu, suprême, et religieusement écouté.

A la fois le monopole de l'opium, et le dédain voulu des fonctionnaires et des mandarins pour les droits imprescriptibles de leurs seigneurs héréditaires, avaient soulevé contre nous les populations très disséminées, montagnardes et indépendantes de la rivière Noire.

On a vu (*Tonkin actuel*) comment Deovantri avait pris en main la cause de son peuple opprimé et avait obtenu ce qu'il désirait. Dans les Chaûs inférieurs même chose s'était passée, quoique dans des proportions moindres, car ni le Man ni le Thô n'ont le courage où la résistance du Laotien et du Méo; ils se ressentent de leurs alliances fréquentes avec les Annamites du bas Delta. C'était pour ainsi dire, des sangs-mêlés (*Voir l'affaire de Cho-Bo, page* 62). C'est ainsi que nous n'avions, sur les Chaûs inférieurs, qu'une puissance nominale, que la présence des rebelles de Hung-Hoa battait tous les jours en brèche, et qu'un mouvement de colère de Dinhthô renversa en une nuit. C'est ainsi que se retirant de nous sur leurs montagnes, les habitants, paisibles en apparence, mais au fond impatients du joug, continuaient à obéir aux chefs héréditaires que nous leur avions enlevés, et à fabriquer, bouillir, vendre et fumer impunément cet opium défendu, que nous leur avions ordonné d'acheter chez les adjudicataires de la ferme.

Là, comme dans tous les autres Chaûs, un simple malentendu nous séparait, et il eût suffi d'un homme au caractère à la fois politique et énergique pour tout remettre en place. Cet homme ne se trouva pas et la vengeance lamentable de Cho Bo eut lieu.

Aujourd'hui par la présence dans le Hoabinh d'un résident intelligent, surtout par le retour du colonel Pennequin dans les régions hautes qu'il a tirées de l'anarchie en 1888, tout le pays s'apaise, et l'on peut considérer la paix comme rétablie, si l'on ferme les yeux sur la contrebande de l'opium, et si on n'envoie pas dans la région des agents de la ferme, trop prompts à faire usage de leurs fusils et de leurs règlements.

\* \*

Sur le Songchai — plus exactement, dans les détours du grand contrefort qui aboutit, comme la chaîne ouest de la rivière Claire, au plateau chinois de Tulong — étaient installées les bandes, commercialement rebelles, de Nguyên Trieû Tròng et de Than Giât, mi-partie annamites, mi-partie chinoises. Un espace de pays mal connu, entre Lucyên, Phorang, Phuyenbinh, (Songchai) Baoha, Lam, Yênbai (fleuve Rouge), Phû-Doan, Lèmi (rivière Claire) renfermait leurs positions et leurs avant-postes.

La contrebande de l'opium a été, et est encore le seul lien qui unisse, dans une vie et une tâche si dures, ces hommes de race et de tendances si disparates. Les Annamites de Nguyên Trieû Trông sont les fils de ceux qui, il y a trente ans, ont été ruinés par les pères des Chinois de Than Giat, dans une invasion, dont tout le monde frissonne encore dans le pays, et dont les traces dévastatrices ont persisté jusqu'à présent. Il sont alliés contre nous, après tant d'années d'oppression et de discorde, pour la sauvegarde de leur fortune et de leur liberté commerciale, l'ambition des chefs réchauffant constamment cette union. Souvent Than Giat commande les gens de Nguyen Trieû Trông, et réciproquement : parfois les bandes s'unissent et marchent ensemble, contre les mandarins ou contre nous.

Ils ont choisi de bons emplacements, l'un sur les frontières de Sontay et Tuyên-Quang, l'autre entre Tuyên-Quang, Hung-Hoa et Loa-Kai, en des points tellement éloignés de tout que les efforts administratifs n'y ont aucune influence, ni les efforts militaires aucune chance de succès. Leur quartier général comme leur magasin de toute sorte, est à Movu, défendu par quatre fortins; leurs points de concentration, à Ngoi-Hüng, Phorang, Daïpham, aux portes mêmes de Phuyênbinh. Leurs avant-postes sont à Sonnhao, Langnac, Caovieu, Quélam, jusqu'aux portes de Phudoan. Les fils et les neveux de Than Giat sont aussi chefs dans ces bandes, ceux de Nguyên Trieü Trong également. Une organisation admirable règne dans les levées d'hommes et les commandements des diverses fractions. Leurs relations avec la Chine, couramment pour transporter l'opium de contrebande, contre lequel ils échangent du riz, des armes, des prisonniers, des femmes encore jeunes enlevés dans les villages, se font sur la ligne de partage Songchai (rivière claire) par des convois réguliers.

Les coolies de ces convois sont des Mans, recrutés sur le bord du Song-Chai, dans le huyèn de Vinhkien, par un troisième allié; les convois sont commandés et guidés par une vieille femme du pays, l'âme damnée de la contrée, Thi Ba Tha, la mère de Than-Giât, laquelle, il y a trente ans, à l'époque de la conquête chinoise, fut enlevée, puis épousée par un des chefs militaires de la vice-royauté de Yun-Nan. Le nombre des têtes que cette mégère a fait couper d'un côté et d'autre de la frontière, tant par son mari que par son fils, est incalculable. Traquée de toutes parts par des émissaires catholiques, et aussi par tous ceux dont elle a diminué les familles, elle échappe toujours, grâce à d'inouïs stratagèmes et à sa parfaite connaissance du pays, et continue à rapporter à son fils l'opium chinois qui le fait vivre et les conseils chinois qui le font vaincre.

.˙.

Enfin, — et pour fermer, par le plus intraitable de tous, cette trop longue liste de nos adversaires, — toute la province de Tuyên-Quang à l'ouest de la rivière Claire et au Nord de Bac-Muc est sous les ordres d'un ancien chef régulier chinois du Quangsi, Hoang Thang Loï, qui appelle à lui tous les réguliers libérés de son ancienne vice-royauté, et s'est taillé chez nous un territoire indépendant. Il prétend agir au nom du Fils du Ciel pour sauvegarder les intérêts de la Chine. Il a, bien entendu, été désavoué ; mais les désaveux n'ont servi de rien.

On sait, en effet, que dans bien des endroits les frontières de la Chine et du Tonkin n'ont jamais été bien définies. C'est pour cela que deux commissions d'abornement et de délimitation ont été instituées pour établir définitivement notre colonie. La première, de Laokaï au Cambodge, a rapidement terminé sa mission. Elle a rétrocédé à la Chine quelques districts du Tulong et du chaû de Lai, récupérant en échange la route du Col des Nuages (de Laokaï à Laï par Muonghum et Phougthô) et s'assurant, vis-à-vis du Siam, l'appui moral de la Chine, qui jusqu'ici du moins ne nous a pas fait défaut.

L'autre (frontière depuis la mer jusqu'à Laokaï) aux prises continuellement avec la duplicité des Chinois, marche lentement, lentement, et n'est pas encore arrivé à Langson. Pour créer des embarras à la commission, des farceurs chinois vont à l'avance planter un drapeau noir et jaune sur des portions de terrain notoirement françaises : les commissaires chinois déclarent le territoire chinois ; les français dénoncent la supercherie à Hanoï, qui s'en plaint à Pékin ; et chaque fois on perd deux mois à nous donner raison, après quoi la commission reprend paisiblement le cours de ses travaux.

Or, le territoire le plus contesté, où nous hésitons nous-mêmes, est certainement celui des cantons de Hoangsifi, dans les huyèns de Vixuyen et de Hayang, et où Hoang Thang Loï s'est installé pour recevoir la commission, non pas avec des drapaux, mais avec 1,800 hommes. Son établissement est là à demeure, et nous ne le réduirons qu'en composant avec lui, et en lui taillant, comme à Lüongtamky, une petite principauté dont nous nous contenterons d'être les souverains débonnaires.

Il a su amener à lui les rares populations du pays, appauvries par la conquête première et que nous avons ensuite lésées, comme ailleurs, dans leurs moyens d'existence, non seulement en monopolisant l'opium, mais aussi et surtout en leur retirant, pour le donner à l'administration de la marine, le service des transports des hautes rivières du Nord.

Ces nhaqués aux abois, qui ne demandaient qu'à rester tranquilles, et que nous avons bêtement affamés, il les nourrit avec du riz venant de Chine, qu'il leur donne pour rien, mais aussi il les arme contre nous avec des fusils de la même provenance.

Aux bornes du territoire qu'il s'est créé, se trouvent des écriteaux interdisant le passage. Hors de là, il l'a souvent dit et prouvé, — il n'attaque personne, à moins de provocation. Les convois militaires sont seuls victimes de son ressentiment : les courriers et les trams passent avec une ridicule escorte de 25 hommes, qui seraient massacrés en un clin d'œil, s'il le voulait. Et quand il arrive — ce qui est rare, — malheur à un tram, c'est souvent une question de vengeance dans un village :

plus souvent encore c'est la faute du tigre.

Les écriteaux de Hoang Thang Loï portent qu'il a deux ans de munitions et quatre ans de vivres. Personne n'a été y voir, on peut le croire. Mais il enjoint en même temps de ne pas franchir la limite de ce qu'il appelle ses Etats, et quand on transgresse cette injonction il arrive généralement malheur au transgresseur. Le lieutenant Ch..., en dernier lieu, s'était aventuré entre Baquan et Hayang : on l'a rapporté une heure après des tranchées de Tham thuy, la tête fracassée d'une balle. Hoang-Thang Loï n'avait d'ailleurs fait aucun mal au détachement qui l'accompagnait, et qui rebroussa chemin précipitamment.

Dans la position absolument excentrique qu'il occupe, Hoang Thang Loï est certain de l'impunité, et il faut espérer que le colonel Servières, de retour à Caobang et Baolac, profitera de la proximité de ce redoutable ennemi pour l'amadouer, l'amener à nous, et en faire un neutre, ce qui est le plus beau résultat que nous puissions espérer de ce côté-là.

Les deux centres de rébellion auxquels Hoang Thang Loï préside sans conteste sont constamment en relation entre eux par l'entremise du pirate Aquoc Thuong et de petites bandes qui tiennent le Nui-La et le Nui-Bac-Ha, sans importance ni valeur, mais aussi gêneuses qu'un taon à un cheval. Le phoquan Daï commandait à la moins insignifiante de ces bandes. C'était lui qui fournissait à Nguyên Trieu-Trông les femmes du Vinhkien et du Phu supérieur de Doan Hung et qui lui faisait les commissions de Hoang Thang Loï. Il se remuait beaucoup pour se donner de l'importance, et s'amusait parfois à couper pendant vingt-quatre heures la route de Tuyen-Quan à Hoamoc et Dzuoc, ce qui, grâce aux sanglants souvenirs de l'endroit, mettait toute la région sens dessus dessous. Ces bandes n'avaient quelque valeur que par leur extrême mobilité et leur composition, les déserteurs mans des tirailleurs et des miliciens de Tuyân-Quang (encore une erreur de recrutement) ne renforçant jamais d'autres rangs que les leurs.

Telle était, en son entier, et sous des couleurs absolument exactes, l'organisation contre nous de toutes les résistances, ouvertes de la part des Annamites, cachées de la part des Chinois. La situation s'est déjà, à l'heure où j'écris, améliorée. C'est une preuve qu'il n'en faut pas désespérer, et que ceux qui ont en eux et prêchent aux autres le manque de confiance, font, volontairement ou non, fausse route.

Il ne s'agit pas, contre des forces aussi diverses, d'employer un système unique de répression préconçue. Il faut à chaque mal sa médication propre; et je prétends que, à ces situations tendues et difficiles, il existe des remèdes spéciaux, les uns, dont on n'a fait encore que parler, les autres qu'on a employés partiellement déjà, qui ont réussi, et auxquels on semble, je ne sais pourquoi, avoir renoncé.

Et j'ai hâte de le dire, et en toute franchise, sans parti pris naturellement, bien que je sois plus habitué au sabre du soldat qu'à la plume de l'administrateur, c'est aujourd'hui à des moyens politiques et presque toujours pacifiques, que nous devons recourir, tandis que l'œuvre de force répressive doit n'être qu'une exception, destinée à servir d'un exemple remarquable et terrible.

# CHAPITRE II

## ACTION INTÉRIEURE DU PROTECTORAT

Organisation des résidences. — Administration de M. Bonnal.

Formation des daos. — Expédition de la Cat Ba. — Médaille du mérite — L'École annamite. — Transformation des mœurs. — Les interprètes. — Mépris des anciens usages. — Le Kinh Luoc. — Choix des résidents.

Départ de M. Bonnal et retour de M. Brière. — Économies — Suppressions de traitement. — Mauvaises administrations. — Le guet-apens de Cho-Bo.

Départ de M. Piquet. — M. Bideau. — Suppression des daos — Réductions budgétaires. — Commission de réorganisation de la garde indigène.

Nomination et arrivée de M. de Lanessan. — Ses projets. — Ses premiers actes.

C'est véritablement à partir du commencement de 1889 que l'administration civile, pourvue de pouvoirs assez étendus par les décrets d'avril 1888, commença à fonctionner de la façon dont nous la voyons faire encore aujourd'hui, sauf quelques modifications de détail, qui ne changent en rien sa formation constitutive.

Le pays fut partagé en provinces, dont chacune fut dévolue à une administration résidentielle. Sauf dans les villes devenues françaises, Hanoï, Haïphong, Tourane, où la législation française est à peu près en vigueur, la résidence d'une province avait dans son ressort la direction politique, administrative, policière de la province, la surveillance et le choix des mandarins, la perception des impôts, l'exercice de la justice concurremment avec les autorités provinciales indigènes, le fisc, le droit d'exonération et d'amende, enfin la haute main sur toute la région, hommes, bêtes et sol, qui lui avait été dévolue. Le centre administratif était un des points les plus importants, comme population, ou comme communications.

Là siégeaient le résident chef de province (dans les petites provinces il n'y avait qu'un vice résident). le vice-résident, le chancelier deux ou trois commis de résidence dont un faisait l'office de percepteur (sauf dans quelques grandes provinces), le commandement de la garde indigène, les agents des travaux publics, des postes, des douanes, et, généralement aussi quoiqu'ils fussent indépendants, les agents de la ferme d'opium.

Telle était et telle demeura l'administration provinciale française avec M. Bonnal et sous son règne. Je dis « règne », et ce n'est pas sans l'intention de faire remarquer dès l'abord combien les excellentes intentions du Résident supérieur par intérim furent dénaturées et parfois réduites à néant par l'opposition que souleva immédiatement contre lui sa prétention au gouvernement sans contrôle et à l'autorité sans conteste. — M. Bonnal avait beaucoup d'amis, y compris tous les ennemis de M. Brière; il n'était pas absolument « persona grata » à Paris, où d'ailleurs M. Brière, en congé, mais toujours titulaire, ne se gênait pas pour « bêcher » son intérimaire : il est vrai qu'il avait envoyé à Paris, pour représenter et défendre ses intérêts, deux de ses amis, dont son chef de cabinet. Sa cause ne pouvait cependant être mieux plaidée que par ses actes, et on trouva sans doute en haut lieu qu'il n'avait pas choisi les meilleurs arguments.

C'était du reste un excellent système d'organisation que cette institution des résidences, dont l'autorité était quasi souveraine. Elle était en tout semblable à l'institution similaire anglaise, sur laquelle M. Bonnal sembla vouloir prendre modèle dans tous les services. — Mais il eût fallu, toujours pour ressembler aux Anglais, que les hauts fonctionnaires fussent aussi modestes que puissants, et dirigeassent les événements du fond d'une ombre volontaire.

Il n'en fut pas ainsi, et il y eut plusieurs de nos résidents qu'une position inespérée aveugla, à qui leur fortune imprévue fit tourner la tête, et qui ne surent pas porter leur bonheur avec des épaules indifférentes.

Ce tort vint du recrutement de leurs cadres. Nous eûmes, à la vérité, des administrateurs venus de Cochinchine, rompus à toutes les finesses et à toutes les tracasseries du métier; nous eûmes des résidents, vieillis sous le harnais, élevés depuis dix et quinze ans dans l'administration, où ils conquirent tous leurs grades; nous eûmes aussi des officiers, très au courant, très expérimentés, lesquels, pour rester dans une colonie qu'ils apprécient et connaissent à fond changèrent de carrière.

Mais, en dehors de cela, et sans parler de certaines promotions hâtives, qui firent crier ceux qui en furent les victimes, et rire ceux qui en furent les témoins, il y eut des nominations extraordinaires, des exhaussements subits de personnages inconnus à des places qui réclamaient des capacités notoires ; c'est ainsi qu'on vit un directeur de pénitencier, sous prétexte qu'il était sorti de l'Ecole polytechnique la même année qu'un très haut personnage de la capitale, devenir d'un coup résident de 1re classe, grade qu'on n'obtient d'habitude qu'après quinze ou vingt ans de loyaux services aux colonies ; c'est ainsi qu'on vit un ex-commis des postes, mis à la tête d'une des plus importantes provinces du Tonkin, tandis qu'il n'avait comme seul mérite que son frère, écrivain scandaleux de la capitale ; et lorsqu'il eût fallu là un résident d'esprit énergique et d'allure militaire, ce parvenu ne s'y fit distinguer que par son goût pour le *farniente* et la richesse de sa fumerie d'opium. C'est ainsi qu'un ancien sous-préfet fut bombardé chef de province, et s'y trouva si au-dessous de sa place, que, éclairé d'une lueur de bon sens, il démissionna. Tout cela était fort mauvais.

Car il ne faut pas qu'il suffise d'être sans le sou en France pour être fait résident, pas plus que le fait d'avoir été notaire malheureux ne devrait donner des droits à être inspecteur de milice. Et ces choix malheureux eurent un inconvénient très grave; ce fut de rendre difficile l'obéissance due par les inspecteurs, qui sont souvent des sujets distingués, et impossible la déférence due par les chefs militaires, qui perçaient facilement à jour la suffisance et l'insuffisance de ces fonctionnaires.

D'ailleurs, si extraordinaire que cela puisse sembler, ce genre de recrues était envoyé en Indo-Chine, sans que le gouverneur général en fût prévenu, de peur qu'il ne refusât, avant de les recevoir, ces auxiliaires déplorables. Aussi n'y avait-il pas de places pour eux à leur débarquement.

Ce fut autant pour les caser, sans froisser personne, que pour répondre à un besoin de nouveaux centres, que l'on créa subitement, avec des morceaux de provinces jugées tout à coup trop grandes, des daos, sortes de « marches » frontières, moins importants que les provinces, destinés à des fonctionnaires du rang moins élevé : C'est ainsi que d'un jour à l'autre naquirent les daos de Dongtrieu, Thaibinh, My-Duc, Luengan, Vinhyên, etc.... qui, certes ne furent pas, à part le dernier, dirigés par les plus grandes lumières de l'administration coloniale.

Ces daos eussent pu être utiles, si on avait installé simplement, au milieu d'un détachement de protection, un seul fonctionnaire, de grade inférieur, représentant le résident, et dépendant du chef de la province voisine. Mais les chefs des daos devinrent des résidents véritables, exigeant un personnel nombreux, des frais d'installation considérables, et, de la sorte, les nouveaux districts, qui dans la pensée de leur créateur, n'étaient que des enclaves, prirent une importance exagérée, et, dès le commencement, coûtèrent plus d'argent qu'ils ne pouvaient rendre de services. Sans cet inconvénient, il eût été très avantageux d'avoir, sans augmentation de frais, plus de postes administratifs, non pas pour empêcher les déprédations et exercer le contrôle de l'impôt (car il est faux qu'il se commette, comme on le prétend, des concussions directes sur l'impôt : les prélèvements faits en ces occasions constituent des dons « lais » ou présents aux autorités ; coutume qui est ancrée depuis des siècles dans les mœurs annamites : chaque fois qu'un inférieur approche d'un supérieur, ce ne doit pas être les mains vides ; le cadeau, de valeur ou non, ne doit être considéré que comme politesse, et ce serait faire une grave injure au donateur que de lui refuser le don ; je sais un résident, qui, faisant parade d'intégrité, repoussait à coups de pied les lais qu'on lui présentait : c'était un prétentieux imbécile) ; mais les postes administratifs sont comme un centre de pacification ; les autorités indigènes cantonales se rendent à ce poste ; la justice s'y rend : c'est au représentant français que toutes les affaires sont portées ; et cette intervention, toute pacifique, fait plus pour notre cause que la présence de deux compagnies européennes.

Cette organisation très bonne en elle même, qui n'eut parfois que des applicateurs insuffisants, donna, suivant les provinces, de bons, de passables, ou de médiocres résultats. Mais si l'administration fut parfois au-dessous de sa mission, elle fut toujours au-dessus des critiques qu'on lui fit, amères, personnelles, préconçues. Je ne crois pas que nulle part ailleurs, dans aucune colonie d'aucun pays, on ait au bout de six ans de conquête, obtenu le résultat auquel nous sommes arrivés en Indo-Chine, si incomplet qu'il soit. Officiellement, en effet, notre autorité est reconnue partout, et, n'étaient les bêtises que nos dissensions ont provoquées, nous trouverions chez tous nos administrés des auxiliaires empressés et sans arrière-pensée. Et c'est un devoir pour tout historien impartial, de défendre en bloc, avec autant d'acharnement qu'elle a été attaquée en bloc, une administration dont les trois quarts au moins des fonctionnaires sont aussi honnêtes, aussi savants, et plus expérimentés que dans n'importe quel service, civil ou militaire, des colonies ou de la métropole.

Cependant on eût pu mieux faire en n'essayant pas d'aller aussi vite, et en mettant en sous-ordre les agents qui n'auraient pas été tout à fait rompus aux mœurs et aux coutumes coloniales. On n'eût pas vu ainsi tant de changements opérés de vive force en Indo-Chine, et qui firent, dans les populations dont ils contrariaient les habitudes, le plus déplorable effet.

Il n'entre pas dans mon intention d'étudier ni d'apprécier les mœurs annamites, mais telles qu'elles étaient, elles avaient pour elles une accoutumance de bien des siècles, et le respect des populations; il fallait donc les conserver. Or, on les bouscula de fond en comble, pour introduire des habitudes européennes, une hiérarchie bureaucratique spéciale qui bouleversèrent tous les esprits, et, pour vouloir trop organiser, opérèrent une sorte de désorganisation dans les vieux rouages établis.

Par exemple, l'instruction et la hiérarchie pour l'avancement aux fonctions et au mandarinat furent détruites, et remplacées par un système « européanisé » et par conséquent mauvais. « On s'est figuré qu'il était plus simple de
« forcer vingt-cinq millions d'Annamites à
« apprendre le français que de contraindre cent

« fonctionnaires à apprendre l'annamite. Con-
« naissant la langue vulgaire, ignorant presque
« complètement la langue mandarine, le peu-
« ple est resté pour nous un livre fermé. Ses
« mœurs, ses coutumes, sa civilisation nous
« ont échappé. Le peuple de l'intérieur ne
« commencera à apprendre le français que
« lorsque nous saurons l'annamite, parce que,
« alors, il s'établira entre nous et les classes
« influentes, très curieuses de notre civilisa-
« tion, un échange d'idées qui fera prévaloir
« nos sciences, nos vues politiques, parce que
« des livres en caractères latins et chinois
« pourront répandre nos idées. Il y aura, ce
« jour-là, pour égaler notre culture intellec-
« tuelle, des hommes que ne rebutera pas la
« difficulté d'apprendre le français.

« Après être devenu la langue de la classe
« riche et administrative, le français se répan-
« dra dans le pays par un esprit d'imitation et
« par amour-propre. Tant que notre langue ne
« sera qu'écorchée par nos boys et par des
« femmes de mauvaise vie, les gens respec-
« tables n'auront nulle envie de l'apprendre,
« et le peuple non plus.

« Actuellement l'Annamite qui parle fran-
« çais est plus insolent, il n'est ni plus habile
« ni plus instruit que ses compatriotes. Per-
« sonne dans le peuple ne se doute que la
« connaissance du français est la porte d'en-
« trée par où il faut passer pour arriver à nos
« sciences. On a ouvert des écoles centrales ;
« si le succès n'en est pas immédiat, le peu-
« ple les délaissera ; et en ouvrant aux élèves
« de ces écoles un large accès aux emplois, on
« a créé une cause d'erreur qu'il sera bien
« difficile d'éviter. En effet, l'esprit de fonc-
« tionnarisme étant très développé chez l'An-
« namite, on est sûr d'avoir des élèves ; il ne
« faut donc pas craindre de rebuter par la
« longueur des études, pour arriver à faire
« des sujets propres à remplir les emplois qui
« leur sont destinés. A ce point de vue, il est
« certain que l'employé indigène ne doit pas
« être un lettré, un interprète ou un secré-
« taire ; on a déjà confondu, à dessein, ces
« trois sortes d'employés ; il faut, dans l'inté-
« rêt du service et du budget, que les indi-
« gènes qui entrent dans l'administration
« soient aptes à remplir ces trois fonctions.

« Or, en supposant rempli le programme de
« nos écoles, les élèves de choix eux-mêmes
« ne seront pas suffisamment instruits. Car il
« faut enseigner au peuple conquis, d'abord,
« tout ce qu'il savait avant la conquête, puis
« le plus possible des sciences qui font notre
« supériorité : *c'est par là que l'assimilation*
« *doit venir : la force n'y est pour rien.*

« Enfin si l'Annamite ne trouve que l'es-
« poir d'un emploi à nos écoles, s'il ne trouve
« pas en même temps l'instruction morale et
« littéraire qu'il aime, nos écoles ne seront pas
« fréquentées de ceux que nous avons le plus
« d'intérêt à y attirer. D'autre part nos futurs
« employés n'ayant aucune instruction mo-
« rale, aucune notion du droit et du devoir,
« seront des instruments qui nous rendront
« odieux à la population ; n'ayant pas l'ins-
« truction traditionnelle qui frappe le peuple,
« ils n'auront aucune influence sur lui. Rien
« ne retiendra leurs appétits, qui seront à la
« hauteur de leur ignorance. Qu'est-ce qu'un
« quan huyên qui écorche le français, mais
« ignore la morale, la philosophie, l'histoire,
« le droit, la coutume, et ne peut même pas-

« ser pour un esprit cultivé parmi les siens ?
« Les Annamites s'aperçoivent bien vite qu'il
« n'est qu'un méchant interprète, un homme
« qui ne sait ni penser, ni juger.

« Répandons l'instruction suivant la cou-
« tume annamite. C'est le seul moyen de faire
« des hommes qui, tout en gardant leur pres-
« tige sur leurs compatriotes, puissent voir et
« penser comme nous, et amener cette assimi-
« lation que nous cherchons. En tous cas, ce
« dont il faut être pénétré c'est qu'on ne do-
« mine pas d'emblée une civilisation vieille de
« deux mille ans, mais que l'on peut s'en rendre
« maître quand, après l'avoir étudiée à fond,
« on en conserve les principes, et on en fait
« tourner l'application à son profit. » (M. Luro,
*Administration coloniale*).

\*
\* \*

Et, dans cet ordre d'idées, la brutalité avec
laquelle nous remerciâmes certains représentants d'anciennes familles mandarines, avec
laquelle nous donnâmes les plus hauts emplois à des gens d'une naissance inférieure,

nous cause le plus grand tort. Une des principales causes de la recrudescence de la piraterie, depuis 1889, fut certainement l'entêtement avec lequel nous exigeâmes, malgré la cour de Hué, malgré les avis des hauts mandarins du Tonkin, l'élévation à la vice-royauté, du tongdoc de Bac-Ninh, le khamsai Hoang Khaocaï. Cet homme rusé, ambitieux et cruel, nous avait rendu, depuis le commencement de la conquête, beaucoup de services ; il était d'une énergie et d'un courage peu communs chez les Annamites ; nous l'avions fort récompensé et l'avions ensuite tellement compromis qu'il ne pouvait plus servir d'autres intérêts que les nôtres, démonétisé qu'il était partout ailleurs. Nous eûmes le tort de croire que nous augmenterions son dévouement en augmentant ses dignités ; bien au contraire, quand il n'eut plus rien à attendre de nous, il se relâcha de son dévouement. D'ailleurs à notre seul point de vue, comme Khamsai déjà, il avait commis de véritables actes de trahison. La seconde prise de Doï-Van, en août 1889, mit sa duplicité au grand jour, et cela suffisait largement pour qu'on lui tînt un peu rigueur.

Mais il y avait mieux, Hoang Khaocai n'était pas d'une famille mandarine : simple lettré, ayant passé d'assez beaux examens, nous l'employâmes comme guide et interprète dans les colonnes d'invasion de 1885, et pour le récompenser de son zèle et de sa science, on le fit quan huyèn honoraire. Grâce à son instruction, il parvint rapidement aux premiers grades de l'administration, et, pour nous faire plaisir, une fois qu'il fut tongdoc, la cour de Hué le gratifia du haut titre de khamsai.

Mais sa bassesse originelle, qui est ici une tache, subsistait toujours. Et ce fut une faute irréparable de donner ce fils d'un père inconnu comme chef aux représentants de familles mandarines séculaires. Combien de fois, dans mes conversations avec les autorités indigènes de toutes les hiérarchies et de toutes les provinces, leur ai-je entendu exprimer hautement — car ces gens ne se gênaient pas avec moi qui fus leur ami — leur mépris pour celui qu'ils appelaient le « Cai coolie » et déclarer qu'elles ne feraient que le moins possible pour faire respecter l'autorité d'un pareil personnage. Combien de fois leur ai-je lu dans les édits rebelles que j'arrachais aux piliers des pagodes dans les villages révoltés, un appel de pirates contre ces Français, qui n'avaient pas craint de faire succéder un « fils de chien » à l'oncle même du roi, dans une fonction qui avait toujours été remplie par un membre de la famille impériale ! Nous n'avions pas besoin d'un tel embarras. Et malgré la violence de ses répressions, Hoang-Khaocai n'arrivait pas à combattre ces mauvaises volontés cachées, et le dédain, affiché jusque parmi ses proches fonctionnaires, à cause de son infime extraction.

Ce que nous avions fait pour lui, il le fit pour d'autres. Il adopta, avec la ferme intention de le désigner pour son successeur, un jeune brigand inconnu de jolie figure, dont il avait eu les faveurs ; il le nomma successivement chef de lettrés, quan-an, quan-bô, aujourd'hui il a vingt-sept ans, il est tuan-phu d'une province, où il s'est fait tellement exécrer qu'il n'ose pas y mettre les pieds de peur d'être assassiné ; mais peu importe : dans quelque temps il sera tongdoc, et les plus hautes dignités lui sont réservées. Cependant c'est un grand voleur dans ce pays de voleurs ; il n'a même pas pour lui l'excuse de l'instruction ; il a le courage du détrousseur de grand chemin et c'est tout. Il est cependant fort prisé des autorités militaires, on ignore pourquoi. Mais ce futur kinhluoc est tellement méprisé qu'il n'a jamais pu seulement obtenir les respects extérieurs d'un simple caïtong, sans l'avoir assoupli au préalable. Le chef du canton de Tuvu, ruiné par ses soins, lui avait refusé le salut et la visite d'usage : le tuan-phu furieux le dénonça comme traître, et le malheureux expie aujourd'hui à Poulo-Condore sa velléité d'indépendance indignée *(Mars 1891)*. Ce tuan-phu était, à l'époque, quam-bô de Sontay, et aujourd'hui comme alors, exécré partout; on est obligé, pour ne pas le laisser à une inactivité, mauvaise conseillère, de l'employer, dans les colonnes de police, à des besognes de hyène et de vautour.

.•.

L'intérim de M. Bonnal devait, dans l'idée de tous, et dans son idée personnelle surtout, n'être que le prélude d'une prise de service définitive ; il n'en fut rien : outre son caractère, il fut entouré de familiers fâcheux et de maladroits intimes qui lui firent commettre différentes bévues, peu graves dans leurs conséquences, mais qui firent dans la colonie et dans la métropole un véritable pataquès. La plus célèbre fut l'expédition dite de la Cat-Ba, où M. Bonnal fut général en chef, son officier d'ordonnance, chef d'état-major, et où l'on canonna une quantité énorme de rochers maritimes, faute de pouvoir ou de vouloir trouver des rebelles. Annoncée à grand fracas, cette expédition avortée eut un grand succès de fou rire.

Il y eut ensuite la création de la médaille du Mérite ; l'idée était fort juste. Les miliciens en effet combattaient à côté des troupes européennes et des tirailleurs, et n'avaient droit à aucune de leurs récompenses ; l'avancement était nul ; ils ne pouvaient prétendre ni à la médaille militaire, ni à la médaille du Tonkin : le « Mérite » devait leur en tenir lieu. Mais, circonvenu par ses amis particuliers militaires, M. Bonnal délivra surtout la récompense en question aux régiments de tirailleurs, troupe très ménagée, et depuis deux ans très peu active. Seulement, il institua cette décoration de lui-même, n'en demanda la permission ni au président de la République, ni au grand chancelier, et n'en avertit même pas le ministère. La « médaille » vécut ce que vivent les roses, et fut brusquement supprimée par un télégramme qui ne contenait pas d'éloges pour ses créateurs. Cet abus de pouvoir maladroit fit plus de mal à M. Bonnal que n'importe quel autre de ses actes, et il se décida, peu après, à demander, pour raison de santé, son retour en France.

Le soupir de soulagement qui accueillit son départ fut aussi profond et aussi sincère que celui qui avait gonflé les voiles du bateau emportant, un an auparavant, M. Brière et sa fortune. Et, singulier retour des choses d'ici-bas, on voyait revenir avec une certaine satisfaction celui qui était parti, courbé sous les exécrations générales.

Pavé de bonnes intentions, le résident supérieur par intérim avait perdu sa cause et compromis ses avantages personnels par son caractère autoritaire, acariâtre et violent, l'aigreur de sa correspondance, et le hérissement de toute sa personne, contre le moindre obstacle, ou seulement vis-à-vis d'hommes indifférents. Son cabinet était l'antre du lion dont on sortait parfois moralement en pièces. Très grand bouleverseur il n'avait rien réédifié, et ses habitudes bouillonnes avaient fait échouer la campagne que plusieurs de ses amis avaient été conduire en France pour sa titularisation. Aigri par le perpétuel retard de cette nomination, qu'il regardait comme le couronnement de sa carrière, il s'en était comme assombri. Ses dissentiments avec le gouverneur n'étaient un secret pour personne. Enfin sa manière d'être, devenue brusque et malveillante, la continuelle fin de non recevoir opposée à toutes les demandes avant même qu'elles fussent justifiées ou formulées complètement, indisposèrent contre lui toute la colonie, et détachèrent de lui les fonctionnaires, ceux-là même qui avaient cru devoir tout espérer de lui, et qui avaient tout à craindre de son successeur. Désiré jadis de tous, attendu impatiemment par l'espoir général, au bout de six mois d'exercice, il s'en alla, seul, presque inaperçu.

.·.

C'est avec un certain sentiment de curiosité que l'on vit revenir M. Brière, et aussi, pour plusieurs, avec un certain sentiment d'inquiétude. Pendant son séjour en France, qu'avait-il appris ? Qu'avait-il oublié ? Avait-il appris le secret du gouvernement pondéré ? Avait-il oublié les injures ? Le commencement parut heureux ; il n'y eut ni à-coup, ni brusque déplacement de fonctionnaires. Il semblait qu'il n'y eût rien de changé au Tonkin, qu'il n'y eût qu'un Tonkinois de plus : que dis-je ? deux Tonkinois, car M. Brière revenait, marié à une charmante femme ; et ce n'était pas la moins curieusement observée de ses transformations ; il avait donc, semblait-il, dépouillé le vieil homme, et dit adieu à la vie de garçon. Cette réforme dans sa vie intérieure, était certainement le signal de réformes dans l'existence générale de la colonie, qui d'ailleurs, ne demande qu'à être menée économiquement, familialement et paternellement.

On attendit curieusement à l'œuvre le haut fonctionnaire régénéré. Il plut tout de suite par l'aménité avec laquelle il se força à recevoir tout le monde, amis et ennemis, et surtout par l'impartialité avec laquelle il sembla d'abord accueillir et traiter les partisans de son prédécesseur. Très apte au travail, il s'y remit d'arrache-pied, s'entourant de gens compétents, sans faux brillant, et consciencieux. Il n'y eut pas de brusqueries dans l'administration, de pataugeage dans les décisions, de contradictions dans les circulaires; la plus sévère économie vint tout d'un coup régir les comptes administratifs. On eût dit un livre de ménage, dont tous les articles auraient été revus par un ménagère attentive.

On sut plus tard que ce diable d'homme avait soigneusement catalogué ses injures, qu'il n'avait publié aucun de ses griefs; mais il savait qu'il avait du temps devant lui, et que la vengeance est un plat bon à être mangé froid.

D'ailleurs, par son apparente bonhomie, il s'attacha quelques défiants, qui vinrent à lui; il prit ces mouches avec son miel, quitte ensuite, une fois qu'elles avaient les ailes collées, à les noyer dans du vinaigre. Et, comme d'habitude, ce fut l'homme froid, habile, rusé, et légèrement normand, qui réussit là où avait échoué l'homme franc, cassant, bruyant et légèrement brutal.

\*
\* \*

Quelque temps après, M. Piquet, ayant enfin refait sa fortune ébranlée, rentra en France. Il avait dû partir dès la fin de 1890, mais on lui fit retarder son départ, afin qu'il pût recevoir le tzaréwitch à Saïgon : ce fut d'ailleurs une mauvaise idée. Les principes économiques de notre gouverneur, fortifiées par une constante application de deux années, ne pouvaient se démentir en une si solennelle circonstance ; pour recevoir l'héritier des tzars, il n'exposa aucune des dernières économies réalisées dans l'ombre et le silence des palais du Protectorat, et, s'il n'y avait pas eu à Saïgon quelques colons et un amiral soucieux de notre dignité, le tzaréwitch eût certainement été mieux traité à l'hôtel avec son argent, que dans le palais de

Saïgon avec les frais de représentation du gouvernement. Après cette dernière manifestation, M. Piquet s'en alla, si obscur, si peu estimé, qu'on songea à peine à se moquer de lui, laissant seulement après lui sa réputation non usurpée d'un excellent administrateur de ses deniers personnels.

Son rôle politique et gouvernemental au Tonkin fut funeste. Anxieux de conserver le plus longtemps possible des fonctions rémunératrices, il n'avoua aucune faute, cacha tous les symptômes alarmants, nia tous les accidents. Pour lui le Tonkin fut toujours et partout pacifié ; volontairement il ferma l'oreille à tous les avertissements, il fut le plus déplorable de ces aveugles dont le néfaste rôle s'indiqua dès les premiers jours de nos temps difficiles.

Il mit au feu les rapports qui lui déplaisaient ; ses dépêches à la métropole sont un tissu d'hypocrisies ; il tâcha de cacher le drame de Cho-Bo, dont son incurie fut en partie la cause. Peut-être y fût-il parvenu si le gouvernement, averti d'ailleurs, ne lui eût demandé des explications. Il envoya à Paris un télégramme de paix enthousiaste, après une promenade qu'il fit sur la rivière Noire en canonnière, pour accompagner M. le consul Pavie, en partance pour une de ses missions ; mais il fit semblant d'ignorer que celui qui écrit ces lignes précédait dans la brousse traîtresse, et à bonne distance, la marche du bateau, avec deux cent cinquante fusils, ce qui est la meilleure manière de pacifier momentanément un pays.

Le germe de la discorde entre civils et militaires avait été semé déjà ; il le soigna, le cultiva avec amour, et en fit un arbre de mal, qui couvre aujourd'hui tout le territoire. Dans ses hautes fonctions, il resta toujours, à ce sujet, l'acrimonieux petit personnage qui chassa les militaires du Cambodge avec des marques de dédain mal dissimulé. N'attaquant rien ni personne en face, il poussa ici au retrait des troupes, à la diminution des unités existantes, et n'y parvint que trop souvent ; il n'épargna pour cela aucun moyen, pas même les moyens déloyaux. Ce fut lui qui conçut cette circulaire impossible à la suite de laquelle les militaires, privés de leurs attributions, ne purent plus marcher que sur réquisition, et derrière laquelle ils s'abritèrent — avec plus de raison et de ressentiment que d'abnégation et de patriotisme — pour laisser s'établir la piraterie aux portes des postes militaires, et refuser leur concours, même dans les cas les plus pressants et les urgences les plus dangereuses.

Ce rôle néfaste, M. Piquet le joua jusqu'au bout, et ne se démentit pas un instant; à ce titre, sans vouloir entrer dans d'autres considérations, c'est à lui qu'il faut faire principalement remonter la responsabilité de nos dissensions, et de bien des malheurs qui en furent la suite. Il joua ici un personnage funeste au dedans, sans prestige au dehors, ne relevant par aucune grande qualité, par aucune forte conception, des défauts qui n'appartiennent qu'aux âmes mal trempées, et qu'aux bas caractères, contraire, jusqu'au dernier moment, aux intérêts de tous, et réunissant, par son départ seulement l'applaudissement général.

Je n'insisterai plus sur les perpétuels remplacements de hauts fonctionnaires. Ce n'était pas ainsi que l'on pouvait remédier au mal; le mal était dans la subordination, pour les plus petites choses, du gouvernement de la colonie au sous-secrétariat d'État et de la dépendance du sous-secrétariat vis-à-vis d'un homme. Il y a des choses qu'on n'ose pas dire, que même, pour conserver le décorum, le respect de soi-même et des autres, on ne doit pas dire. C'est pour cela, par exemple, que dans aucune partie de ces études, ne sera traitée la question de l'opium.

Il faut être convaincu que le monopole de l'opium est la plaie de l'Indo-Chine, que tout le monde le sait, en haut comme en bas, et que si ce monopole a été renouvelé l'année dernière, c'est malgré les supplications de toute la colonie indo-chinoise, et grâce au voyage en France d'un des directeurs de la ferme, lequel a su laisser tomber en temps opportun un chèque de cent mille dollars : ce chèque a été partagé de suite entre le directeur d'un grand journal du matin, et un personnage politique des plus haut placés. En Indo-Chine, les deux noms sont dans toutes les bouches. Mais, je le répète, il n'est pas bon d'insister sur une pareille question, qui recevra un jour une solution éclatante et scandaleuse, à laquelle nul des intéressés ne pourra se soustraire.

Et cependant, tant que cette dépendance outrageante existera, tant que le monopole de l'opium sera conservé à la Société fermière de l'opium actuelle, il n'y a pas de pacification à espérer pour le Tonkin. L'histoire lamentable qui suit en est une des preuves les plus frappantes.

.*.

Avec le retour de M. Brière coïncidèrent plusieurs réformes, et tout particlièrement des réductions dans les traitements, les soldes, les indemnités, une diminution tacite d'effectif dans la garde indigène, différentes réformes et mesures très strictes, mais véritablement sages,

Mais d'un seul coup, il ne put pas remplacer tous les fonctionnaires insuffisants, ni réprimer tous les désordres, ni réparer toutes les fautes commises, en sorte que, recueillant une succession assez lourde, il en vit, dès le commencement, les funestes conséquences.

.·.

La plus funeste fut certainement ce tragique guet-apens de Cho-Bo (28 janvier 1891) qui eut un si grand retentissement et dont on fit un sujet d'accusation pour les résidences et les milices, et qui n'est cependant qu'une aventure administrative, que j'ai rayée à dessein de nos opérations de guerre. On ne risque plus aujourd'hui d'être imprudent vis-à-vis quelque chose, ni blessant vis-à-vis quelqu'un, en rapportant ce que l'on sait être la vérité.

On verra aussi combien injuste est parfois l'opinion qui méconnait les causes, grossit les effets, et fait ainsi un massacre général d'une vengeance particulière, dont rien sans doute n'excuse la cruauté, mais que les antécédents administratifs de la province faisaient depuis longtemps prévoir.

L'oligarchie des muongs montagnards, sur laquelle je me suis longuement étendu dans le « Tonkin actuel » existe dans toute sa splendeur à Cho-Bo, population mélangée d'Annamites et de Mans, aussi éloignée de l'Annamite du Delta que du Méo de la montagne, ayant l'organisation des derniers, l'apparence des premiers, et les vices des deux.

C'est la plus mauvaise, la moins maniable des races que nous avons à conduire. Une main très douce dans la direction journalière, ferme jusqu'à l'excessif dans les répressions possibles, mais perpétuellement juste, est nécessaire en ce pays-là. Il faut une personnalité en dehors, pour en imposer à ces orgueilleux déguenillés, et en même temps, un homme très fin pour venir à bout de leurs perpétuels mensonges. C'est dire qu'il était très difficile de trouver un fonctionnaire approprié à la fonction, et que, à la vérité, on ne le trouva pas.

Le mépris volontaire et accentué pour l'organisation montagnarde, la destruction de la hiérarchie aristocratique, et la monopolisation de l'opium, telles furent les seules et ultra-suffisantes causes de mécontentement de ces peuples, pour lesquelles ils crièrent contre nous vengeance, en n'attendant que l'occasion favorable.

Le chef des cinq chaûs inférieurs (Maï,

Dabac, Cho-Bo, et deux chaûs de My-Duc) était un certain Dinh-cong-Thô, exerçant sur cette région l'influence qu'exerçait au centre le Quanphong, et à l'ouest Deovan-Tri, ses rivaux naturels puisque chacun des trois a toujours cherché à être le chef suprême des seize chaûs. (Le Quanphong s'est le plus rapproché en 1888 de la domination effective; Deovan-Tri est celui qui y a le plus de droits). Dinh-Thô habitait aux environs de Suyut, rive droite de la rivière Noire, et s'était, pour suivre le centre des résidences, transporté d'abord à Phuonglam ensuite à Cho-Bo. Au commencement on avait respecté son pouvoir et celui de ses sous-ordres. Peu à peu de souples Annamites s'introduisirent dans les bonnes grâces des résidents successifs, et les spoliations inutiles commencèrent.

La première eut lieu au préjudice du hiêp-quan Thanh-Huy quanhuyên de Cogioi héréditaire (chaû de My-Duc) sur la rive droite de la rivière Noire, de Dongsong à Phuonglam et Ngabatha. En quoi Thanh Huy avait-il déplu? Je l'ignore, et n'ai pu en trouver trace nulle part, comme malheureusement de plusieurs choses intéressantes, les assassins de Cho-Bo ayant brûlé les archives de la résidence dans la nuit du 28 janvier. Toujours est-il que, du jour au lendemain il se trouva dépossédé de sa charge, privé de ses biens séculairement héréditaires, qui passèrent à une créature quelconque d'un fonctionnaire haut placé.

Mais pour se trouver tout nu sur le grand chemin, Thanh Huy n'en conserva pas moins l'influence immense que sa naissance lui donnait. Ses vassaux lui restèrent fidèles, tandis que le vide se faisait autour du quanhuyên nouveau.

Et quand ses réclamations furent refusées, et qu'il prit la campagne, ses anciens tenanciers partirent avec lui, et nous firent autant de pirates en plus, ce dont le besoin ne se faisait pas du tout sentir.

Cependant Thanh Huy ne nous fit jamais une guerre déclarée. Son seul exploit, pour ainsi dire forcé, fut celui qu'il fit pour se procurer des armes. Il acheta le poste de Dongsong. Ce poste était tenu par la milice, et commandé par un garde principal nommé Gresse, dont la maîtresse annamite faisait de lui ce qu'elle voulait. A son instigation, Gresse avait interdit à ses linhs d'aller au village de Dongsong, même pour leurs achats de nourriture. Or, la « congaï » de Gresse avait établi un petit magasin à l'intérieur du poste, où elle vendait de tout, jusqu'au riz et à l'opium, et où les linhs étaient forcés, faute de mieux, de venir s'approvisionner. Inutile de dire que les prix du dehors étaient triplés, et qu'il était fait un crédit mensuel, éteint à chaque solde par de formidables retenues que le trop complaisant mari opérait les yeux fermés. Cet ingénieux larcin lui faisait gagner, bon mois, mauvais mois, le quadruple de ses appointements ordinaires. Les linhs, peu heureux d'être grugés de la sorte, et de ne pouvoir s'en plaindre, vu leur incarcération perpétuelle, s'adressèrent au caïtong de Tuvu pour se débarrasser de leur geôlière. Le caïtong promit ce qu'on voulut, alla trouver les quanlangs de Vosung, qui avertirent Thanh-Huy. Et le soir, lorsque, croyant ouvrir la porte à un voleur de femmes, la sentinelle de garde leva la herse du poste, Thanh Huy et sa bande se précipitèrent à l'intérieur, brûlant tout, massacrant les linhs récalcitrants; coupèrent Gresse et sa femme en une infinité de petits morceaux qu'ils mirent dans une barque et laissèrent descendre au fil de l'eau. Puis, s'emparant des fusils et des munitions, ils regagnèrent la montagne, désormais armés et redoutables. Le caïtong de Tuvu, pour prix de son concours, reçut la jument du malheureux Gresse; on la retrouva à Tuvu par la suite.

Telle est l'histoire de la prise de Dongsong, que l'auteur de *Milices et pirateries* a tout récemment rappelée, et qu'il met au passif des gardes indigènes, avec une ignorance des causes et des faits très commune chez ce genre de pamphlétaires.

Ce fut la seule sauvagerie de Thanh Huy; lorsque les inspecteurs Gilbert et Marcelly coururent après lui dans les montagnes de Cogioi pour lui faire faire une soumission forcée, il les enferma dans des grottes de sa connaissance, où il eût pu laisser périr les assaillants jusqu'au dernier. Il se contenta de leur faire trouver le temps long, leur passa des poulets au bout d'une ficelle quand ils eurent faim, et finalement il les laissa aller, sous condition qu'ils le laisseraient tranquille.

On l'a accusé, peut-être à tort, d'avoir, en janvier 1891, massacré, sous le village de Ticau, une escorte de linhs qui se trouvaient dans la jonque d'un surveillant du télégraphe; mais il n'est pas prouvé que Thanh Huy fût mêlé aux pirates de Jacau qui firent le coup, et qui furent dénoncés plus tard par le doï-tram de Nhula; d'ailleurs, l'emprisonnement de Baban, frère de Dinh Thô, survenu à cette époque, aurait pu, sans qu'on ait à s'en étonner, lui mettre un peu de colère dans la tête.

Après Than Huy et d'autres chefs de moindre importance, la dépossession de Dinh Thô arriva à son tour. On ne le trouvait pas assez souple, assez prêt à toutes les complaisances. Et puis la ferme d'opium surtout ne voulait pas en entendre parler. De même que dans toutes les hiérarchies aristocratiques, le terrain et ce qui y pousse appartient au seigneur, lequel vend à ses féaux le droit de s'y établir et d'y récolter quelque chose. Il y a fort peu de rizières dans les chaûs, et le plus clair des revenus de Dinh Thô consistait en la vente d'autorisations de recueillir, bouillir et vendre l'opium. La monopolisation de ce commerce aux mains d'une société fermière lui enlevait à peu près tous ses moyens d'existence. Aussi favorisait-il la contrebande et l'exerçait-il pour lui-même avec un succès très marqué.

La lutte entre lui et les agents de la ferme d'opium ne pouvait être douteuse. L'agent était toujours berné, bafoué, parfois rossé, comme le fut à Soula ce pauvre et peu intéressant B...

Aucun d'eux ne s'aventurait d'ailleurs guère en dehors de Chobo, où il ne pouvait exercer qu'un contrôle dérisoire, et la ferme ne rapportait rien, et l'opium de contrebande se fabriquait et se consommait plus que jamais, au grand contentement de Dinh Thô d'abord, et des gourmets amateurs ensuite.

Sous la pression des fermiers de l'opium, que cet état de choses exaspérait, avec l'aide tacite d'un résident ombrageux, que l'énorme influence du chef faisait loucher (1), Dinh Thô

---

(1) Dinh Thô fut un beau matin dépossédé. On croyait par là lui enlever tout pouvoir : l'expérience que nous avions faite avec d'autres chefs ne nous avait servi à rien.....

garda son pouvoir, ses fusils, ses hommes, et s'en servit occultement contre nous. Nous n'y gagnâmes que des ennemis parmi tous les muongs de la région, privée de son seigneur naturel, et l'opium n'y gagna rien. C'est ainsi que, là comme partout où elle opère, la néfaste influence de la société fermière se fit sentir, et justifia une fois de plus la tradition : que la monopolisation arme contre le protectorat à peu près la totalité des rebelles actuels.

Le choix du mandarin destiné à remplacer Dinh Thọ fut déplorable et poussa à bout les habitants déjà fort mécontents.

On prit un Annamite, ennemi-né des gens qu'il allait avoir à commander; on prit un mandarin qui avait déjà commandé à Phuonglam, qui n'avait pu s'y faire supporter, qui ensuite avait été à Thuanphu, à Hung-Hoa, et qu'on avait été obligé de mettre dehors à cause de ses exactions criardes. Ce Dinhvan Vinh, depuis longtemps célèbre, entretenait avec les rebelles du Bavi des relations assez suspectes; il possédait, au-dessus de Tuphap une propriété isolée où nous avions trouvé des revolvers, des armes blanches, des espions chinois;

le caïtong de Tuphap était son frère, et se couvrait d'une apparence de zèle. Il arriva à Phuonglam en triomphateur, et, aussi dur pour ses administrés que souple vis-à-vis des administrateurs, il ne tarda pas à devenir l'âme damnée du capitaine R..., vice-résident substitué de la province.

.·.

La contrebande d'opium étant une source de gains énormes, Dinhvan Vinh la disputa à Dinh Thô par tous les moyens, et parvint à lui en arracher une bonne partie. La société fermière, cause de ces déplorables changements, n'y trouva aucun avantage; elle n'y trouvait même pas l'écaille de l'huître des Plaideurs. Toutes les vexations furent bonnes à Dinhvan Vinh pour ramasser tout l'argent qu'il put; avec son flair politique, aiguisé par tous les vices, il sentait que sa situation très anormale ne pouvait pas durer, et il voulait en tirer très rapidement tout le parti posssible. Il installa des amis et créatures dans toutes les charges, même les plus petites, moyennant une redevance continuelle sur les déprédations qu'il autorisait, ruina des villages, dispersa des familles, sous les plus futiles et scandaleux prétextes ; et, en notre nom, s'attira, et à nous, le profond ressentiment d'un peuple, qui. très patient, ne connaît plus, une fois déchaîné, de limites à sa colère.

Précisément au même moment, Doc Ngu, chassé de la province de Sontay par notre campagne d'hiver (1890), établit ses quartiers dans le voisinage de la région Mûong, à l'ouest de Yên-Lang, entre Xomgiang, le col de Kem et les positions que son chef suprême, le De-Keu, occupait toujours entre le fleuve Rouge et les montagnes de Phuyên. L'approche de ces pirates, les relations qui s'établirent de suite avec eux, ne pouvaient qu'exciter encore le mécontentement des peuples lésés, que des exhortations et des exemples continuels appelaient à la révolte ouverte.

A Xomgiang, les troupes de Doc Ngu atteignaient un effectif de sept cents hommes. Jointes aux rebelles du My-Duc et aux partisans de Thanh Huy, elles dépassaient mille combattants, dont la plupart armés de fusils achetés en Chine; elles constituaient, aux portes mêmes de Chobo, la troupe rebelle armée la plus considérable qui se fût jamais réunie au Tonkin depuis la mort inopinée de Bogiap.

.·.

Qu'avions-nous donc pour résister au courant, et de quelle façon envisagions-nous ces très alarmants symptômes? Il n'est malheureusement que trop vrai que, comme presque toujours, nous étions endormis dans une confiance inerte, que nous n'avions là que des forces dérisoires, et que ces forces, nous nous les étions aliénées par des traitements rigoureux et odieux, sur lesquels l'enquête consécutive fit seule la lumière.

Il n'y avait plus une seule fraction de l'armée régulière dans la province administrative de Chobo depuis la fin de 1889. Les chefs de province qui s'étaient succédé, et particulièrement le dernier, avaient insisté, les uns pour le retrait, les autres pour le non-retour des troupes, jurant leurs grands dieux de la tranquillité absolue et définitive. Et comme c'est se faire un reproche à soi-même que de déclarer que cette tranquillité est troublée, qu'on n'a pas été capable de la maintenir ou de la rétablir, nul résident ne songe à faire une demande de rappel de troupes, qui équivaut à un aveu d'erreur ou d'impuissance.

Il n'y avait donc dans Cho-Bo que de la garde civile. C'eût été suffisant si cette garde, recrutée dans toutes les provinces du Delta, eût ressemblé à toutes les autres gardes. Mais soit qu'on n'eût pu faire consentir des Annamites à monter dans la région, soit qu'on eût craint de faire faire la police des muongs par un peuple étranger et même hostile, on avait à Chô-Bo une garde issue d'un recrutement régional uniquement composée de gens du pays. Or, si les muongs fournissaient les meilleurs des partisans, ils fournissaient, en revanche, les plus mauvais soldats. Ils ne comprennent le fusil que pour le combat, n'admettent pas la vie de caserne, et désertent les rangs pour rentrer dans leurs montagnes.

De plus, ils sont peu intelligents, entêtés, enracinés dans leurs préjugés, et invétérés fumeurs d'opium. Enfin, ils appartenaient à un peuple lésé par toutes nos mesures vexatoires, et s'en trouvaient lésés pour leur propre compte. Si on leur donnait des chefs muongs, ceux-ci leur prêchaient l'indiscipline : si on leur donnait des chefs annamites, ils ne pouvaient obtenir l'obéissance.

Il eût fallu, pour les conduire, une grande fermeté de caractère, unie à une grande légèreté de main, c'est-à-dire un homme de choix. Or, comme Cho-Bo et ses environs sont considérés comme les plus mauvaises résidences, on n'y envoyait guère de fonctionnaires, d'inspecteurs et de gardes principaux que par punition ou disgrâce, de sorte que les cadres de cette brigade ne se composèrent bientôt que de mécontents, d'incapables, et il faut bien le dire aussi, de véritables brutes. La garde muong fut menée à la baguette.

Les plus effroyables punitions corporelles punirent les fautes les plus légères, et parfois même les plus introuvables. Les retenues de solde les plus arbitraires furent faites, on n'a jamais su ou voulu dire au profit de qui. Et ceux qui n'étaient pas ainsi frappés, pressurés, et, en fin de mois, volés, avaient un sort plus triste encore : ils servaient de coolies, de boys, et, dois-je insister, de femmes, volontairement ou par force, aux désœuvrés et aux indignes qu'on leur avait donnés comme chefs.

Le premier cri d'alarme fut jeté par un officier de valeur, l'inspecteur G..., qui constata, à son arrivée, que la garde muong ne savait ni porter les armes, ni tirer un coup de fusil, qu'elle n'avait jamais été exercée à sa véritable besogne. Comme ce cri d'alarme compromettait des gens haut placés, il ne fut pas écouté, et on déplaça celui qui l'avait généreusement poussé. Mais les faits dont il se plaignait furent consignés dans les archives de Cho-Bo, et si ces archives ont disparu, du moins les pièces importantes ont été conservées et copiées par des mains avisées, et pourraient un jour revoir la lumière, au grand détriment des coupables qu'elles visent.

.\*.

Telle était la situation de la province. Beaucoup d'ennemis, pas d'alliés, plus d'amis. Et personne ne voyait ou ne voulait voir cette alarmante situation. Le résident, qui y était le plus directement intéressé, logeait dans une maison ouverte à tous les vents, séparée seulement de l'extérieur par une barrière qu'un enfant eût sautée, avec, à la porte, un factionnaire qu'on ne surveillait jamais et qui dormait toujours. Sur les cent cinquante hommes qui eussent dû composer sa garde, cinquante avaient été libérés et n'avaient jamais été remplacés ; soixante-dix étaient dans un poste éloigné ; il lui restait à peine cinquante hommes en tout, commandés par un garde principal qui ne vivait pas avec eux, et n'avait pas la première notion de son métier.

Vint l'étincelle dernière, qui mit le feu à toutes ces poudres. Dinh Thô avait un frère, nommé Baban, à qui la consanguinité donnait parmi ses compatriotes, un rang élevé, Baban fut jeté en prison par ordre du résident, pour une question toute personnelle : il avait une très jolie « congai » qu'il avait refusé de livrer aux plaisirs d'un de nos fonctionnaires.

A cette dernière injustice, qui, chez les montagnards, est considérée comme l'insulte suprême, la surexitation monta à son paroxisme. Baban, épouvanté dans sa geôle, où il craignait le dernier supplice, s'adressa à Dinh Thô, le suppliant de le délivrer, fût-ce par la force. Dinh Thô tout compromis et disgracié qu'il fût, hésitait à nous tirer dessus. Ce fut alors qu'il songea au redoutable voisin de Yênlang, et qu'il dépêcha un émissaire à Doc Ngu, pour lui offrir la tête de M. Rougery, mais de lui seul, moyennant la délivrance de Baban. On juge si Doc Ngu accepta.

Il eût bien voulu, par la même occasion, faire disparaître tous les Européens du chef-lieu, mais Dinh Thô s'y opposa formellement, si bien que Doc Ngû envoya 450 hommes, mais ne vint pas lui-même diriger l'opération. Ces 450 hommes quittèrent Yênlang traversèrent la rivière Noire aux environs de Vosung, et se concentrèrent non loin de Phuonglam.

Dinhvan Vinh, atterré, n'osant compter ni sur les Français, ni sur les Annamites, ni sur personne, envoya trams sur trams à Cho Bo, présageant l'orage qui arrivait menaçant, suppliant M. Rougery de se tenir sur ses gardes, de demander des renforts, au besoin de s'en aller. Nouveau Cassandre, il ne fut pas entendu.

M. Rougery ne fit que rire de ses avis désespérés, envoya, sur 50 hommes qu'il avait, un détachement de 32 hommes (commandé par le garde Ziégler) porter la solde dans un poste éloigné, et s'endormit d'un sommeil plein de confiance, avec son immuable factionnaire, qui lui aussi, dormait toujours.

.·.

Après une hésitation de plusieurs jours, le 28 janvier à 10 heures du soir, les 450 rebelles se mirent en route, et le 29, à 3 heures du matin, arrivèrent, sans que rien eût trahi leur marche, à 500 mètres de la résidence de Cho Bo, dans le fond d'un arroyo qui les cachait à tous les yeux. Après qu'il eut encore recommandé de se saisir du résident seul, on forma trois bandes d'attaque : les quanlangs de Vosung envahissant le vilage, le quan huyên de Cogioi barrant la retraite du côté des montagnes, les partisans de Dinh Thô allant droit à la résidence. La fusillade éclate partout, elle était si bien dirigée, que l'appartement de M. R.... à la résidence resta intact, tandis que les portes et fenêtres du logement du résident furent percées de quatorze balles, dont la plupart étaient des balles Lebel.

Le factionnaire est tué, la barrière enfoncée, la résidence envahie; M. Rougery sort à moitié nu de chez lui; il reçoit deux balles dans le ventre : ce colosse ne tombe pas : il s'enfuit dans l'allée qui mène de la résidence au village, et au coin de la première maison, tombe dans le groupe de Thanh Huy, qui le ligotte. Au bruit de la fusillade, Européens et indigènes s'enfuient; les rebelles, fidèles au mot d'ordre, ne courent pas après eux, ne les inquiètent nullement.

De la grève du rapide, Dinh Thô commande la prise des armes et l'incendie. « Dinh Thô! » hurlent les rebelles, et l'œuvre de destruction commence. » Je tiens le résident français, crie un des partisans de Dog Ngu; que faut-il en faire? Et dans la corne du commandant retentit l'ordre: « Faites-le mourir et apportez-moi sa tête. » Les gens de Doc Ngu décapitèrent Rougery sur l'emplacement où il était ligotté et portèrent sa tête en offrande au chef. Pendant ce temps Cho-Bo brûlait. La besogne était accomplie. Les rebelles se retirèrent, sans avoir découvert l'argent du trésor.

Vingt quatre heures après, le garde Ziégler rentrait dans Cho-Bo détruit avec ses 32 miliciens muongs. M. Lévy, des postes, voyant une force armée, sortit de la brousse où il s'était caché. Ziégler s'enferma dans l'ancien poste militaire, craignant ses linhs, dont il n'était pas aimé. Ceux-ci ne dirent rien pendant le jour : le soir, excités par les conseils et l'eau-de-vie du muong de Hao-Trang, ils enfoncèrent la porte de la cainha où dormaient les deux Européens, et les tuèrent à coups de baïonnette. Après quoi, jetant leurs armes, dont on a retrouvé plusieurs depuis, ils désertèrent à l'ennemi ou rentrèrent chez eux.

Telle est, stricte et nue, l'affaire de Cho-Bo : il n'était peut-être pas difficile de l'éviter sans doute, il eût suffi, au lieu d'un résident confiant, d'un résident vigilant, et au lieu de fonctionnaires annamites et de miliciens muongs, de fonctionnaires muongs et de miliciens annamites.

.*.

5.

Un butin considérable fut emporté par les massacreurs : une vingtaine de fusils, huit caisses de cartouches, une énorme quantité de colis de tout genre ; du vin, des vivres, des habits. Une orgie épouvantable avait suivi l'incendie ; ce qu'on n'avait pu enlever avait été saccagé et détruit, la cave de M. Rougery avait servi à arroser les aréquiers du jardin de la résidence. Plusieurs linhs s'étaient enfuis, d'autres avaient passé à l'ennemi, d'autres, été tués dans la bagarre.

Mais que dire de ces Européens qui, tous armés de fusils à tir rapide, ne songèrent pas un moment à se défendre, ni à défendre leur chef ? de ces commis, de ces agents, de ces colons, qui tirèrent chacun de leur côté, effarés, tremblants, se dissimulant dans la brousse, se sauvant jusqu'à Vanyèn, à cinq étapes de là ? Que penser de ce garde principal, qui au premier coup de feu, s'enfuit en chemise, sans regarder en arrière, sans se douter qu'il avait des troupes à rallier, à commander, avec lesquelles il pouvait au moins se faire tuer, et dont l'inconscience éclata tellement au conseil d'enquête qui le mit à la porte, qu'on eut de la peine à lui faire croire que c'était un lâche ?

Personne, dans cette triste histoire, ne fut à hauteur de sa mission ; personne n'est exempt d'une part de responsabilité, ni les morts ni les survivants, ni les prédécesseurs des héros du drame; et c'est ce que démontra péremptoirement l'enquête conduite par le kinhluoc et le résident de Sontay. Les exactions de Dinhvan Vinh y parurent sous un tel jour de cruauté que le misérable, malgré l'argent dont il offrait de faire déborder les mains influentes, fut condamné à cinq ans de Poulo-Condore et partit immédiatement pour cette peu enviable résidence.

Les fautes administratives, les caprices tyranniques du résident assassiné furent mis en telle lumière que l'on n'osa pas venger sa mort : que Baban disparu ne fut pas recherché : que Dinh Thô, l'instigateur au fond de l'infernale machination, ne fut pas un instant inquiété. On lui laissa la vie, la liberté, ses partisans, les cinq cents fusils dont il disposait, et un mois après, on le nommait dédoc de la province, c'est-à-dire qu'on lui rendait son ancien titre, dont la spoliation avait fait de lui notre adversaire.

\*
\* \*

Enfin on licencia la garde civile de Cho-Bo, et par contre coup la garde civile de Myduc dont le recrutement était identique. Là aussi on avait cherché à punir; et là même, ce ne fut pas possible. L'enquête démontra des sévices affreux, des faits épouvantables. Ici un linh était mort sous le rotin; là un chef de poste avait, sur les 24 linhs qu'il commandait, abusé de 17, et six d'entre eux, impotents pour le restant de leurs jours des horreurs que l'on avait commises sur eux, se traînèrent devant la commission indignée : ici, c'est un phoquan cassé pour avoir refusé de livrer sa femme à son supérieur : là c'est un garde principal, un inspecteur et un résident se rejetant l'un sur l'autre, en termes de crudité révoltante, la responsabilité des abus commis sur les plus jolies figures de la brigade: c'est le chef de province ameutant contre l'inspecteur un nègre et un interprète, faisant déposer ces derniers sous la foi du serment, pour le convaincre des vices suprêmes. Et c'est l'inspecteur, répondant au chef de province, en faisant témoigner par écrit six linhs, qui se relayaient, pendant les longues nuits d'opium, pour réveiller les sens endormis du résident épuisé.

J'en passe, et des meilleures ; et avec moi, tout le monde s'étonnera que la vengeance de ces opprimés de toute sorte n'ait pas été plus prompte et plus terrible encore, et avec moi, tout le monde regrettera que, en frappant les derniers présents, elle ait épargné les premiers et les plus grands coupables.

Après cette aventure, la province de Cho-Bo fut occupée militairement pendant quelque temps, puis remise de nouveau à l'autorité civile, qui supprima, comme sinistre, le nom de Cho-Bo, et créa avec l'ancienne province et des morceaux de Hung-Hoa et de Myduc, la province de Hoabinh. Rien ne fut d'ailleurs changé que le nom.

.'.

Cette suppression servit de point de départ à un remaniement territorial, où les daos, qui servaient la plupart d'asiles aux créatures des ministères, trouvèrent en grande partie la mort. On constitua une commission qui dut statuer sur l'opportunité de conserver les plus importants. On créa également une commission de réorganisation de la garde indigène, pour militariser les cadres, les rendre plus indépendants : on installa dans Hanoï, Haïphong, Tourane, villes françaises, tous les rouages des services métropolitains. Et tous ces projets étaient prêts, toutes ces réformes étaient établies, lorsque se posèrent les candidatures à la succession de M. Piquet. Jusqu'à ce que la charge fût remplie, tout fut naturellement laissé en suspens.

L'intérim du gouvernement fut exercé par M. Bideau, inspecteur général des colonies. Cette position intérimaire, qui n'est jamais agréable qu'aux ambitieux, n'augmentait en rien la situation personnelle très élevée de M. Bideau, et il reçut sans enthousiasme, et plutôt pour rendre service, dans la pénurie d'hommes de marque où nous nous trouvions, cette fonction passagère. Très droit, très scrupuleux, il n'imprima pas — il n'en avait ni le temps, ni le désir, — une nouvelle marche aux affaires ; sa dignité ne lui tint pas trois mois, car le ministère n'attendit même pas le retour en France de M. Piquet, tellement son opinion passait pour indifférente, pour lui nommer un successeur.

La nomination de ce successeur impatiemment attendue causa beaucoup d'étonnement, et aussi un peu d'appréhension. A combien de conjectures les choix n'avait-il pas donné lieu? Combien de personnalités avaient été mises en avant! Sans beaucoup de feu d'ailleurs, car nous avions vu tous les hommes qu'on nous avait envoyés, incapables d'inaugurer une voie nouvelle, et c'est avec un certain scepticisme qu'on envisageait l'avenir.

Furent prononcés les noms : du général Borgnis-Desbordes par les militaires, de M. Harmand par les civils, de M. Houët par les marins, du général Warnet par tout le monde. Si ce dernier avait été plus en faveur, et surtout s'il avait sérieusement voulu troquer la position stable de général en chef contre la charge hasardeuse de gouverneur, celui-là eût été certainement le plus favorablement accueilli, car il avait laissé, par son trop court intérim, le souvenir de l'administrateur le plus habile et du seul homme véritablement intègre que nous ayons eu à notre tête. Nul ne songea à M. Le Myre de Villers : il nous devait cependant son siège de député, mais il ne s'en était pas souvenu, et toutes les fois qu'il avait eu à prendre la parole, il avait trahi, pour je ne sais quelle coterie, les vrais intérêts de l'Indo-Chine : loin d'être appelé par nous, il était même assuré de ne pas être réélu.

Mais la personne à laquelle on songeait le moins fut certainement celle que l'on nomma : M. de Lanessan, journaliste et politicien, avant tout, homme de parti, était réputé comme un homme aux idées préconçues, concernant une colonie qu'il avait vue en courant et superficiellement étudiée. L'opinion générale — que je suis loin de partager, attendu que je ne m'en fais une que devant les faits accomplis — était la suivante : Des articles passionnés qu'il n'avait cessé d'écrire, des publications où le parti pris aveuglait un esprit clairvoyant d'habitude, indisposaient contre le nouveau gouverneur. Et bien que chacun voulût être au courant de ce qu'il allait faire — les uns, disant qu'il allait renvoyer les soldats des services administratifs, les autres, qu'il allait militariser à nouveau le Tonkin, d'autres, qu'il allait supprimer toutes les forces de police — il fut bien avéré que nul, pas même peut-être le gouverneur, qui était en route, ne savait ce qui allait advenir; mais tout le monde se trouvait d'accord pour se défier, ne pas donner tout d'abord sa confiance, et trouver que, en renversant le proverbe, par son passé du moins, notre maître était notre ennemi.

Sans préjuger en rien des idées du gouverneur, c'est toujours un homme de volonté et d'action; je crois qu'on a eu tort de dire du bien ou du mal de lui avant son arrivée; ceux qui ont jugé mal ont eu le plus tort, car au débarquement de M. de Lanessan, tous les dos se sont confondus dans une universelle inclinaison. Il faut le voir à l'œuvre.

Néanmoins il y a, dans beaucoup de poitrines, un grand soupir de soulagement. On sait que M. de Lanessan arrive avec la formelle intention de diminuer les fonctions et de réduire les cadres. Il y aura donc lieu à une épuration tant dans les résidences que dans les milices, qui permettra d'éliminer sans scandale certains ouvriers de la première heure, qui furent acceptés faute de mieux, et de ne conserver que les sujets véritablement dignes par leurs antécédents, leur connaissances et leur honnêteté. A moins que ce ne soit le contraire qui arrive.

On a prêté à M. de Lanessan beaucoup d'autres projets, conçus en bateau en compagnie du vice-amiral commandant l'escadre et du général en chef, sous l'influence desquels on prétend qu'il se trouve volontairement. On dit à ce sujet une quantité de choses. Jusqu'à présent, de tous ses bruits, évidemment exagérés, voici ce qu'il faut croire.

\* \* \*

Il existe à nos frontières chinoises maritimes, des provinces très troublées, où une main militaire est nécessaire, parce que là la conquête définitive n'est pas terminée, et qu'il faut tous les jours combattre pour défendre les conquêtes partielles de la veille. Ainsi sont les provinces de Sonla, Laokai, Tuyènquang, Coabang, Moncay et Quang-Yèn. Il était tout naturel de militariser ces provinces, d'y supprimer l'autorité des résidents, les forces de police, pour les remplacer par des forces de combat, en un mot, d'y rétablir l'état de guerre.

C'est ce que fit dès son arrivée, et à la louange universelle le nouveau gouverneur général, par un décret des plus importants, des plus sages que nous ayons vus depuis longtemps (11 août 1891). Dans le Delta rien n'était changé; tout marchait au mieux de nos intérêts. Les provinces ci-dessus mentionnées étaient militarisées, et en plus, la province de Langson, et partie des provinces de Hùng-Hoa, Thainguyên, Bacninh et Haiduong.

Mais il n'y a rien d'autre de certain, quant à présent du moins. Pour le reste, il faut espérer que quelques mois se passeront avant que rien ne change dans l'état actuel des choses, et que M. de Lanessan demandera seulement conseil à l'expérience des faits accomplis, et non à des tendances personnelles, pour prendre les résolutions suprêmes dont le sort de la colonie dépend.

Il a, du reste, tous les pouvoirs nécessaires,

Tout lui est soumis dans la plus absolue des mesures : l'armée, la magistrature, l'administration ; il peut remercier les administrateurs, renvoyer les généraux, suspendre les résidents : il apporte la paix et la guerre dans son « haut de forme ». Il est indépendant de tous, même de celui qui l'a nommé ; et si, avec des pouvoirs aussi étendus, et des intentions aussi énergiques que celles qu'il manifeste, l'expérience tentée ne réussit pas, c'est qu'il faudra douter, non de la colonie — nous n'en douterons jamais, nous qui la connaissons, et qui, l'ayant connue, avons voulu devenir ses enfants — , mais de la bonne volonté de la métropole, et de la capacité de ceux qu'elle nous envoie (1).

(1) Presque avec l'arrivée de M. de Lanesan eut lieu le passage de M. Brière à la résidence supérieure d'Annam, et la nomination à la résidence supérieure du Tonkin de M. Chavassieux, ancien administrateur de Cochinchine, et résident d'Haïphong, un de nos fonctionnaires les plus avisés et les plus populaires.

# CHAPITRE III

## ACTION EXTÉRIEURE DES RÉSIDENCES

Restriction de l'influence militaire et retrait des troupes. — Discorde entre militaires et civils. — La garde indigène. — Ses commencements. — Décret du 29 avril 1890. — Rôle des inspecteurs, des cadres européens et indigènes. — Les postes. — Relations des chefs de la milice avec les diverses autorités. — Les colonnes mixtes. — La circulaire 27.
Le service des renseignements. — Les interprètes.

Pour venir à bout de toutes les résistances à main armée, de toutes les mauvaises volontés occultes, de toutes les défiances, de toutes les inerties, il eût fallu une union parfaite entre tous ceux qui détenaient l'autorité, de façon que toutes les parcelles en fussent employées au même résultat et fussent dirigées vers le même but.

C'est ce qui n'arriva pas, et, dès le premier jour, des froissements se produisirent, causérent un état de gêne réciproque, qu'un silence volontaire aggrava, et finit par amener une lutte sourde mais tenace, dont la marche peina tout le monde, et dont les regrettables effets se firent bientôt sentir.

Il n'est agréable d'avoir, ni à la constater, ni à la raconter; mais comme elle est la cause principale de nos déboires et de nos insuccès, il est impossible de la laisser passer sous silence, et force est bien de mettre à nu, en en racontant les phases, l'un des petits côtés de notre caractère.

La cause primordiale en fut celle que j'ai indiquée dans le *Tonkin actuel*, la transmission de l'autorité suprême des mains des militaires aux mains des civils. Je n'y reviendrai pas. Accomplie avec l'assentiment, et sous le commandement d'un général qui y trouva les étoiles de divisionnaire, et qui aujourd'hui s'élève contre l'état des choses auquel il a le premier consenti, cette transformation était toute fraternelle, quoique certainement un peu anticipée. Le gouvernement militaire ne peut correspondre qu'à l'état de conquête, ou à l'état de siège, qui sont d'essence temporaire.

Il faut bien, à un moment donné, que le général rentre à son quartier, et que les pouvoirs réguliers reprennent cours. C'est ce que, dans la colonie, ceux qui l'avaient pacifiée, ne voulurent pas comprendre ; et ils feignirent de considérer toujours comme des intrus et des usurpateurs les représentants de l'autorité légale. Cette disposition d'esprit, hautaine et autoritaire, est coutumière dans l'armée, et spécialement dans l'armée de mer. Et elle s'affirma au Tonkin avec une déplorable énergie. Cependant en France un officier général, qui, contrairement à l'état régulièrement établi par les lois, songerait à résister au représentant du ministre de l'Intérieur, à vouloir donner des ordres en dehors de sa caserne, serait mis en réforme, à moins qu'il ne fût enfermé dans une maison de santé. — Au Tonkin, cette opposition sourde put s'établir, sans qu'aucun des ministères dont dépendaient les belligérants vînt mettre le holà à ces hostilités absurdes. Bien des officiers certainement ne partageaient pas l'entêtement que montraient leurs chefs à vouloir remonter le cours des choses ; mais comme, dans l'armée, l'obéissance malgré tout envers les supérieurs est de règle, la querelle fut embrassée par ceux-là mêmes qui la trouvaient mauvaise, et il n'y eut qu'un seul haro jeté avec un accord parfait sur les successeurs du régime militaire.

A ce moment il eût fallu un gouverneur général à la main légère et caressante, qui ménageât les susceptibilités en éveil et calmât les esprits hérissés. Il n'en fut rien malheureusement, et nous eûmes, en M. Piquet, le gouverneur civil le plus maladroit et le plus outrancier que l'on pût trouver. Il avait déjà, croyait-on, jadis donné sa mesure au Cambodge ; il la dépassa au Tonkin. La restriction de la juridiction des autorités militaires devait se faire sans à-coup, comme entre soi, et sous le manteau de la cheminée. On lui donna au contraire la plus grande publicité par une circulaire, qui fut à la fois un chef-d'œuvre de maladresse et de mauvais goût, et creusa ensuite un abîme qu'il sera, même aux volontés les plus énergiques, bien difficile de combler.

Blessante pour l'amour-propre et la dignité des gens qui ont toujours fait leur devoir, et plus que leur devoir, cette circulaire était pernicieuse pour l'œuvre de pacification. Se renfermant dans les limites strictes qu'elle leur indiquait, les militaires cessèrent leurs colonnes, leurs reconnaissances, leurs promenades ; et dès lors, abandonnée à ses seules forces, l'autorité civile dut employer les moyens de répression, pacifiques ou autres, qui se trouvaient à sa disposition.

.˙.

Ce ne fut pas tout ; comme si la paix avait été assurée, le corps d'occupation fut brusquement et grandement diminué. Il est vrai de dire que la question de finances entrait pour beaucoup dans cette diminution.

L'Indo-Chine paye — et elle est la seule de nos colonies dans ce cas — les dépenses de son armée et de sa marine ; le budget de ces deux unités constitue sa plus lourde charge. Et si, sous ce rapport, elle était traitée sous le même régime économique que les autres colonies, il n'y aurait plus de déficit. Le déficit étant naturellement l'épouvantail de tous les gouverneurs, et leur seul désir étant de le diminuer par tous les moyens possibles, c'est aux deux budgets de l'armée et de la marine que M. Piquet s'en prit. Il crut possible de remplacer l'armée régulière par d'autres forces moins dispendieuses (1).

Les troupes européennes coûtent horriblement cher : le calcul déjà établi (*Tonkin actuel*, pages 200 à 208) montre à combien peuvent s'élever les dépenses de solde et d'entretien de compagnies de France et d'Afrique. Le chiffre, tout en étant diminué dans les provinces du Delta, reste néanmoins énorme ; on

---

(1) Voici l'économie réalisée en remplaçant une compagnie de tirailleurs de deux cent cinquante hommes par une brigade de milice d'égal effectif.

Solde mensuelle : tirailleurs : cadre européen, 575 dollars ; cadre indigène, 305 dollars ; troupe, 1,320 dollars. — Milices : cadre européen, 470 dollars ; cadre indigène, 248 dollars ; troupe, 986 dollars. — Économie réalisée, 500 dollars. Soit, 24,000 francs par an et par compagnie.

Si l'on calcule sur l'ensemble du corps, l'économie est bien plus considérable, les régiments comportant un nombreux état-major, et les milices n'en ayant pas. Ajoutons que les officiers de l'armée, depuis le grade de capitaine, sont montés aux frais de l'État ; que tous, en colonne, ils ont droit à un convoi individuel gratuit de quatre à six coolies, aux vivres, aux transports, à une indemnité de trois dollars par jour. — Aucun de ces avantages n'existe pour les cadres des milices.

songea donc à les remplacer par des troupes indigènes.

Or si les trois premiers régiments de tirailleurs tonkinois avaient donné sujet de satisfaction, le quatrième n'avait pas suivi la voie de ses aînés. Soit que le recrutement régional, qui présidait à leur formation lui eût donné en partage des régions où l'Annamite ne sourit pas au métier, où jamais on n'a pu recruter de bonnes troupes, quelles qu'elles soient (la province de Haïphong par exemple); soit que le corps des officiers qui le composa ne sût pas

Si on fait comparaison avec les troupes européennes, l'économie qui ressort ici est plus que triplée.
Du reste les chiffres sont là, officiels. Les brigades des provinces civiles supprimées par le décret du 11 août 1891 comprenaient un effectif de trois mille hommes.
L'autorité militaire remplaçant l'autorité civile, ces brigades n'avaient plus raison d'être. Or, les licencier, c'était fournir trois mille recrues aux rebelles. On enleva donc leur chapeau bleu à ces soldats et on leur donna le chapeau rouge. De miliciens ils devinrent tirailleurs. Cette transformation n'a rien retranché ni ajouté à leur valeur; ce sont les mêmes troupes, tant décriées jadis par la marine, et à qui elle ouvre aujourd'hui ses deux bras tout grands. Mais cette satisfaction donnée au parti militaire coûte la modique somme de cinq millions, que, en spécifiant bien le motif, le gouverneur général demande d'ajouter à la subvention métropolitaine de 1892. Ce sont là jeux de prince.

résister au courant d'indolence coloniale qui les envahit rapidement, soit pour des raisons d'ordre tout intime, tenant spécialement à l'influence des garnisons qui lui furent dévolues, le 1ᵉ Tonkinois trompa toutes les espérances. Non seulement il ne fut pas bon à grand'chose, il fut même parfois nuisible. La gestion inerte et infidèle de beaucoup de sous-ordres donna même à quelques colons de Haïphong l'occasion de répandre le bruit, évidemment exagéré, que le 4ᵉ tonkinois faisait argent de ses fusils. Il n'en faisait pas argent, mais il en faisait bon marché. Une incroyable quantité des armes qui lui avaient été confiées, soit en magasin, soit à ses hommes, tomba, on ne sait par quelle incurie, entre les mains des pirates. La garde civile de Haiduong passa plus de deux ans à les retrouver. Dans le Baysay et le Baodai, on prit au moins deux cents fusils portant sur la crosse l'estampille du 4ᵉ tonkinois; aussi sa suppression ne causa qu'un bien vague regret à ceux qui avaient pu apprécier son peu de valeur. Seulement le discrédit dans lequel il était tombé dissuada de former de nouveaux régiments. Une partie des linhs engagés — la mauvaise — grossit le nombre des boys de la ville de Haïphong, boys inoccupés, ou trop occupés à des travaux que, paraît-il, ils n'avaient pas oubliés à leur régiment. L'autre rentra chez elle, ou vint offrir ses services au résident de Haiduong ou à son adversaire Luuky.

. .
. .

On ne forma donc pas de tirailleurs, et M. Piquet augmenta les milices, jadis chargées de la seule police intérieure, aujourd'hui transformées en garde indigène, chargées de la répression de la piraterie, où les militaires n'avaient plus rien à voir.

Franchement, ce fut trop tôt. La notable économie qui était ainsi réalisée provenait de la diminution des gradés européens. Il n'y avait qu'un officier (inspecteur) dans chaque province, deux parfois dans les grandes brigades, et un sous-officier (garde principal) par cinquante hommes. A l'heure actuelle de notre colonisation, c'était insuffisant. Nous ne tenions pas les indigènes assez en main pour nous isoler au milieu d'eux. Il n'y avait jamais qu'un Européen par poste, dans des contrées parfois très troublées, et l'inspecteur était seul à administrer, à gérer, et à commander au feu, des unités dont l'effectif atteignait parfois 800 et 1,000 hommes.

De plus, comme dans tous les corps de nouvelle formation, on prit un peu au hasard tous ceux qui se présentèrent. L'institution n'était pas connue en France; dans l'Indo-Chine même elle était mal définie: de plus, on n'y acceptait d'officiers qu'en exigeant au préalable leur démission, et il n'y en avait point qui voulussent ainsi lâcher la proie pour l'ombre. On dut donc prendre comme gardes principaux d'anciens soldats de bonne volonté, et comme inspecteurs, de simples sous-officiers en fin de service, ou même des gens protégés venant de France, en quête d'une position quelconque. C'est ainsi que l'on voit encore parmi les inspecteurs, un notaire, un journaliste et un typographe.

Et même il faut admettre qu'un bon sergent de section n'est pas préparé du tout à commander 400 ou 500 hommes, et à les administrer depuis le jour de leur entrée au service jusqu'à celui de leur libération, à faire ainsi le chef de poste, le commandant en chef, l'officier de recrutement, l'officier d'habillement et le trésorier-payeur.

Aussi, eut-on, dans les commencements, de douloureuses suprises. Des chefs aussi peu préparés à leurs fonctions, dans un pays si difficile, contre des adversaires aussi retors, ne pouvaient qu'essuyer des échecs; ils en essuyèrent. Deux ou trois d'entre eux éprouvèrent même des désastres, qui jetèrent sur le corps entier un discrédit incroyable, que l'on essaye de faire durer encore, et que — je me hâte de le dire — on n'y mérite plus aujourd'hui.

\* \* \*

C'était la première fois — et je ne crois pas qu'on puisse en citer d'autre exemple — qu'une force régulièrement constituée, armée du fusil national, et abondamment pourvue de munitions, était absolument indépendante des ministères de la Guerre et de la Marine, et de leurs représentants. Au même titre que les militaires et les marins, ce corps combattait l'ennemi commun, et portait notre renommée dans le hasard des reconnaissances et des escarmouches. On eût pu, en se serrant un peu, faire place à ce frère cadet, qui, je le crois, ne demandait qu'à prendre sincèrement exemple sur ses glorieux aînés. On préféra l'accueillir avec une froideur presque insultante, lui refuser toute sympathie et même toute estime ; les chefs militaires donnèrent les premiers l'exemple. Je conçois parfaitement leur étonnement vis-à-vis de ce fait nouveau et singulier, qui pouvait leur paraître une usurpation de leurs droits chèrement acquis, et comme l'enlèvement d'un morceau de leur patrimoine, jusqu'alors intact, de défenseurs uniques du drapeau et du territoire. Mais je suis persuadé qu'un petit sacrifice d'amour-propre eût alors été beaucoup plus patriotique que leur attitude renfrognée et dédaigneuse, qui devint par la suite parfaitement injuste.

Quelle que fût d'ailleurs cette attitude, comme la création et la réorganisation des gardes indigènes constituaient une notable économie, le premier but était atteint. Pour parer à la diminution des effectifs militaires, les gardes furent augmentées à 10,000 hommes ; et comme on commençait à voir les inconvénients de l'admission des premiers venus dans les cadres européens, et qu'il fallait encore de nouveaux cadres, M. Bonnal fit paraître l'arrêté du 29 avril 1890 (1), concernant les officiers de l'armée de terre, et leur admission dans la garde indigène.

Les conditions en étaient avantageuses :

« Les officiers et assimilés mis à la disposi-
« tion du Protectorat par le département de la
« guerre sont considérés comme en mission,
« et mis hors cadres. Les sous-officiers sont
« mis à la suite.

« Les officiers de l'armée active conservent
« leurs droits à l'avancement, à l'ancienneté.

« Les officiers servant au titre étranger sont
« mis à la suite de leur corps.

« Le temps passé au service du Protectorat
« par les militaires de l'armée active leur sera
« compté comme service effectif pour la pen-

---

(1) Arrêté confirmé par un décret présidentiel de même date.

« sion de retraite. Dans la supputation des ser-
« vices militaires, ce temps leur sera compté
« comme campagne, dans les mêmes conditions
« que pour les militaires de troupes d'occu-
« pation.

« (Décret présidentiel du 29 avril 1890. Ar-
« ticles 1, 2, 5, 7.) »

Mais ce décret ne concernait que les officiers de la guerre ; ceux de la marine devaient, comme jadis, donner leur démission. Aussi ne se présenta-t-il pas de ces derniers. Et comme c'est la marine qui tient en main les militaires de la colonie, ce décret ne fit que redoubler leur ressentiment contre un corps qui ne leur offrait aucun avantage, et qui, personnellement, n'en pouvait mais.

Par contre, ce décret fut le point de départ d'une grande amélioration et d'une réorganition intérieure presque complète dans la garde indigène. Plusieurs officiers, désireux d'avoir des campagnes à leur actif, ou curieux de la vie aventureuse, se firent mettre hors cadres pour entrer dans le corps renouvelé, infusé d'un sang nouveau, et, sans conteste, beaucoup plus pur. Une foule de sous-officiers de tous grades, spécialement de la légion étrangère, y entrèrent comme gardes principaux.

.•.

On eut alors, ce qui n'était jamais arrivé encore, une comptabilité et un recrutement sérieux. Jadis les engagements se faisaient au premier venu. Dès lors, il fallut, pour qu'un linh fût armé, qu'il présentât un livret de tirailleur avec une bonne mention, ou un certificat d'ancien linhlè ou linhcô, avec une attestation élogieuse du mandarin chef de sa province. En outre, tous devaient présenter leurs pièces d'origine, avec les sceaux du lithuong de leur village natal, du quan hûyên, et du quan an de leur province. On put mettre ainsi la main sur d'ancien déserteurs, et même sur des pirates reconnus et des insoumis. Les disparitions cessèrent comme par enchantement.

Puis l'ordre le plus complet fut mis dans les magasins d'armes de munitions et d'effets, dont tant avaient été, dans les commencements, dérobés sans que personne ne s'en doutât, faute de chiffres certains dans les brigades qui recevaient, faute de contrôle dans les magasins centraux qui envoyaient. Ensuite le service de la solde fut établi d'une façon régulière; il n'y eut plus de ces trop perçus qui passaient par profits et pertes, de ces retenues faites pour des motifs illégaux, qui indisposaient les linhs, et contre lesquelles ils ne trouvaient nulle défense. L'honnêteté la plus scrupuleuse, l'ordre le plus minutieux régnèrent partout, et le bon esprit de la troupe ainsi administrée s'augmenta d'autant.

Enfin on eut au combat et en marche de véritables chefs. Tous ceux qui vinrent à la garde civile étaient des officiers, éprouvés déjà par plusieurs années de colonie, accoutumés aux ruses, aux surprises de l'ennemi habituel, acclimatés aux fatigues et aux maladies, amoureux des labeurs, de la vie agitée, aventureuse, souvent dangereuse que leur promettait leur nouveau métier. Les imprudences disparurent pour faire place à l'audace réfléchie, presque toujours récompensée; on n'agit plus à la légère, mais, une fois le conseil résolu, on agit à fond de train. Les gradés indigènes, qui sont d'excellents soldats, reprirent confiance, sous des chefs dont il sentaient l'énergique vigueur et la poigne décidée, et firent alors tout leur devoir et, parfois, de véritables tours de force. Avec le mode de recrutement dès lors employé, on n'eut plus que d'anciens soldats, éprouvés, rompus à leurs métier, volontaires de nouvelles aventures, et la garde civile put s'appeler, sans que sa grande sœur d'Afrique pût s'en offenser ou en sourire, la Légion indigène de l'Indo-Chine.

\*\*

Il est facile, pour un chef très sévère, très exigeant, mais très juste, très brave et payant de sa personne, s'inquiétant particulièrement de ses hommes en garnison et en campagne, de se faire adorer de ses soldats indigènes, très sensibles à toute marque de bienveillance (n'ayant jamais été habitués qu'aux brutalités conquérantes) et très enthousiastes du courage en dehors (n'ayant que la merveilleuse inertie de celui qui se fait indifféremment tuer au poste confié).

Une fois la confiance et, j'ose le dire, la

sympathie réciproque établie, l'inspecteur fera de ses hommes tout ce qu'il voudra. Les ordres les plus invraisemblables, ils les exécuteront, les fatigues les plus harassantes, ils les supporteront sans mot dire; les dangers les plus flagrants, ils y courront le sourire aux lèvres, si en avant d'eux, et sans jamais hésiter ni faiblir, marche l'homme en qui ils ont mis toute leur confiance, et un peu de l'adoration fétichiste coutumière à leur race.

Quand aux gradés indigènes, ils sont encore plus faciles à prendre. Tout d'abord il faut que la plus grande impartialité préside à leur nomination : que leurs aptitudes et leur ancienneté de services leur comptent comme seuls mérites, qu'ils soient en tous points dignes de l'obéissance des camarades, au-dessus desquels on les élève.

Il est regrettable que, autrefois, la discipline se soit trouvée ébranlée par la nomination de certains linhs, ayant simplement été boys d'inspecteurs ou de gardes principaux, qui ne trouvaient rien de mieux que de récompenser par un avancement imprévu des services particuliers à eux rendus. Ces gradés sont inu tiles, leur présence est nuisible; et partout où on les rencontre, il faut prendre tous les moyens pour les éliminer et les remplacer par un cadre vraiment sérieux, intelligent et instruit.

Ce cadre obtenu — et ce n'est pas difficile, car l'Annamite a l'esprit naturellement ouvert et porté à l'observation et à l'étude — il suffira pour se l'attacher, de stimuler son amour-propre. C'est la qualité dominante de l'indigène galonné. Lui rappeler qu'il a une parcelle d'autorité, ne jamais empiéter dessus, lui donner l'occasion de l'exercer souvent, le grandir à ses propres yeux en respectant, en lui montrant la responsabilité qui pour lui en découle: tels sont les moyens à employer pour s'attacher les gradés indigènes, en faire des sous-chefs zélés, des serviteurs attentifs, et dévoués jusqu'aux dernières limites. Et avec des gens ainsi dressés, ainsi entraînés, ainsi élevés au-dessus d'eux-mêmes, il n'est pas d'endroit où l'on ne saurait aller.

Dois-je ajouter une préférence que j'ai, très marquée, pour ces très obéissants sous-verges? Bien souvent il m'est arrivé d'avoir à partir en reconnaissance de guerre à la tête de plus de trois cents hommes. Jamais je n'ai été si bien secondé que par les phoquans et les doïs, triés sur le volet, que je choisissais pour m'accompagner. Si j'avais avec moi des gardes principaux — étaient-ils mauvais ? — ils ne comprenaient pas mes ordres et les exécutaient plus mal que ne l'eussent fait les Annamites. — Étaient-ils bons ? — ils discutaient avant de les accomplir, et parfois ne les accomplissaient qu'à moitié, jugeant que la discipline entière n'était pas de leur devoir strict.

Jamais avec des gradés indigènes je n'ai souffert d'inconvénients semblables ; il ne se faisaient pas faute de me faire répéter mes instructions jusqu'à ce qu'ils les eussent parfaitement saisies, et une fois chose faite, ils les exécutaient à la lettre, comme les meilleurs sergents européens. C'est pourquoi, je prétends que, dans les conditions énoncées plus haut, un officier bien doué, suivi de gradés énergiques, de soldats confiants — ce qui est son affaire à lui, car s'ils ne le sont pas, c'est de sa seule faute — a tout intérêt à manœuvrer, à marcher et à combattre avec son cadre indigène seul, sans compter qu'il acquiert ainsi une vitesse et une mobilité bien plus considérables, sur les avantages desquelles je reviendrai plus tard.

.·.

Telle est la constitution de la garde indigène. Quelques mots seulement de sa répartition dans les différentes stations de l'Annam et du Tonkin, ces détails, connus de tous, n'ayant pas de quoi arrêter longtemps l'attention.

Chaque province, administrée par un résident ou vice-résident chef. — (Il n'y a plus de chanceliers chefs depuis l'affaire de Cho-Bo, et c'est tant mieux) — comporte une brigade de garde indigène, qui doit être en principe recrutée par les anciens soldats de la colonie, mais qui comprend surtout les anciens soldats retirés dans la province même. L'amour de l'Annamite pour la rizière natale a de lui-même établi le recrutement régional.

Ces brigades ne sont pas de composition, ni de nombre uniformes. Elles varient suivant l'importance des provinces, le nombre des pirates, rebelles ou voleurs, qui s'y trouvent ou qui y passent, le plus ou moins de chances que la paix a de se trouver troublée.

C'est ainsi que Bac-Ninh et Haïduong comportent douze cents hommes, Sontay huit cents, tandis que Hung-Hoa n'a que cent soixante-quinze hommes et que Laokai, qui n'est qu'un poste douanier, n'en a que quatre-vingt-dix. Un inspecteur commande chaque brigade, et les plus méritants ou du moins ceux en qui on a le plus de confiance, obtiennent les plus importantes. Fréquemment, un inspecteur de grade inférieur leur est adjoint.

Sous leurs ordres se trouvent les gardes principaux des trois classes et des gardes principaux stagiaires (supprimés dans le projet du nouveau règlement.) Parmi eux se trouve un garde principal comptable, qui reste au chef-lieu et est chargé, sous la surveillance et la responsabilité de l'inspecteur, des écritures de tous les services, habillement, armement, solde, etc....

Les autres gardes principaux sont répartis

dans les postes de la province et en ont le commandement. Ces postes sont établis par le résident et l'inspecteur, suivant les besoins de protection de la province. Ainsi les centres d'habitation et de cultures, les points importants des arroyos et des routes, certains points culminants des pays de demi-montagne, enfin les points d'observation des centres rebelles ou pirates, sont occupés par un détachement de garde indigène, habitant un fortin défensif, construit avec les seules ressources du pays, et duquel il rayonne dans tous les sens pour protéger la région.

Le rôle de ces chefs de poste doit se borner à cette protection des habitants. Si on avait eu sous la main des auxiliaires plus intelligents et mieux préparés, ils eussent pu servir d'agents administratifs, et être, dans tous les services, les porte-parole des résidents. Mais ce rôle se trouva en général au-dessus de leurs forces, et quelques inspecteurs furent seulement à la hauteur de ces fonctions délicates et complexes.

Généralement à côté des chefs de poste, se trouvaient les mandarins territoriaux, quanhuyên et quàn phu, qui leur donnaient les renseignements voulus; leur présence simultanée augmentait réciproquement leur prestige.

.˙.

Au chef-lieu, où résidait l'inspecteur, se trouvait un détachement assez fort pour que les administrations civiles pussent toutes être protégées par lui; et pour qu'il put, en outre, assurer les escortes par terre et par eau. Plusieurs inspecteurs désiraient que ce détachement fût assez fort pour subvenir presque entièrement aux marches et aux reconnaissances. C'est, je crois, une mauvaise méthode pour deux principales raisons.

Lorsque l'inspecteur se déplace, suivi de la colonne de marche dans toute sa force, il est immédiatement signalé par tous les émissaires, boys, vendeurs, congais, que les pirates ne manquent jamais d'entretenir aux environs des centres : la force de sa troupe, sa composition, la direction qu'il suit, rien ne reste inconnu à l'ennemi, qui a toute facilité alors pour dresser ses embuscades et préparer ses surprises. Ensuite, si le point où la reconnaissance doit se faire est éloigné, il risque de n'y arriver que trop tard, car quelle que soit la mobilité des troupes indigènes, on ne peut guère leur demander, quand elles vont au combat surtout, plus de 40 kilomètres par jour; et comme il ne manque pas de provinces ayant une longueur de plus du triple, on n'arrive alors sur le lieu du méfait que le surlendemain du jour où le méfait a été commis, quand les malfaiteurs sont bien loin.

Dans les grandes brigades surtout, on devrait préconiser le système suivant : deux ou trois groupes de postes, placés dans les environs des points d'habitude troublés, et pouvant fournir en deux heures, deux cents à deux cent cinquante hommes, le strict nécessaire restant à la garde des blockhaus. Ce détachement forme la colonne de reconnaissance, et se trouve tout porté au point d'action, ou, du moins, en est extrêmement rapproché. Du chef-lieu, accompagné de quelques fidèles bons trotteurs, l'inspecteur vient à cheval et à toutes brides, prendre son commandement. Il peut dans la nuit même agir avec des troupes fraîches, sans que l'ennemi ait rien pu prévoir de ses mouvements. Il n'y a là de sa part aucune imprudence : il ne court pas le risque d'être attaqué entre le chef-lieu et le poste, alors qu'il est presque seul. En effet, on ne se heurte aux pirates que lorsqu'ils sont prévenus d'un passage, et qu'ils attendent sur le chemin. Or, aux grandes allures du cheval, l'inspecteur et sa petite escorte sont arrivés avant que l'ennemi sache qu'ils sont partis. La rapidité de la marche en fait disparaître le danger.

\*

Portée à dix mille hommes par M. Bonnal, réduite à huit mille cinq cents, puis à sept mille pour des raisons budgétaires, cette force armée, qui était ainsi devenue l'unité la plus considérable du Tonkin, qui possédait dès lors des officiers, des sous-officiers, et des hommes sur la valeur desquels on ne pouvait élever aucun doute (l'histoire de leurs travaux et de leurs succès, racontée plus loin le prouvera surabondamment) était à la disposition unique du résident supérieur et des résidents chefs de province. Elle n'avait aucun rapport de subordination, pas même de relations avec l'autorité militaire, et c'est certainement cette indépendance vis à-vis d'elle qui continua l'animosité établie, et qui éleva contre la garde indigène tant de préjugés ridicules, d'accusations calomniatrices, dont quelques grands chefs militaires, oublieux de leur dignité, ne dédaignèrent pas de se faire les échos.

Le rôle du résident vis-à-vis de la garde était absolument hors des détails (en effet l'inspecteur va tous les matins prendre les ordres à la résidence, connaître les renseignements parvenus la veille, en un mot faire le rapport, comme un chef d'état-major à son général : le résident lui donne des instructions d'ensemble, s'il s'agit d'une reconnaissance à opérer ; en dehors de quoi l'inspecteur est maître absolu de disposer de ses hommes comme il l'entend), le rôle de l'inspecteur est actif en dehors. Tout résident qui ne sort pas de ses attributions et a confiance en son inspecteur lui transmet avec ses observations les renseignements obtenus, l'action à faire, le but à atteindre et lui laisse toute latitude sur les moyens à employer. Une fois hors de la résidence l'inspecteur est maître et responsable de la direction et de la vie de ses hommes : c'est à lui seul que doit être attribué le blâme de l'échec ou la louange du succès. De lourdes responsabilités pèsent alors sur lui. C'est lui, tout seul, qui, avec les cartes étranges dressées par les Annamites, calcule son chemin et ses étapes; c'est lui, tout seul, qui va s'entendre avec les mandarins sur les secours qu'ils peuvent lui fournir, sur les guides qu'ils peuvent lui donner; c'est lui, tout seul, qui veille à la composition, au rassemblement, au payement, aux vivres du détachement qu'il emmène : c'est lui, tout seul qui le conduit au dehors, qui trouve le sentier propice, qui place les avant-postes, qui flaire et déjoue le danger. Mais quel sentiment d'orgueil n'éprouve-t-il pas aussi, quand à cheval et sans une minute de repos, veillant à tout, il s'en va en tête d'un temps de trot, suivi d'une troupe dévouée, et parfois enthousiaste? Quand il suit le chemin, plus ou moins ignoré que les rebelles tenaient la veille encore où le premier il gravit la pente, tourne le coin de la forêt, d'où il tombera sous une salve de balles, s'il s'est trompé dans ses prévisions? et peut-on trouver une plus fière joie que la sienne, à lui qui est responsable de tous, s'il revient avec des têtes, des prisonniers et des armes, ne devant le succès qu'à sa science et à son audace, avec ses soldats triomphant bruyamment à la manière asiatique, et qui répandront partout que leur chef est de ceux à qui tout réussit, parce qu'il n'a pas peur, et qu'il a « le cœur et le foie d'un tigre. »

Mais pour remplir dignement ces intéressantes fonctions pour être constamment à hauteur de ces exigences multiples, il faut des officiers exercés, non seulement sortant de nos écoles d'État, mais rompus à la colonie, amoureux d'aventures, insoucieux de la vie dure, curieux du danger et ressemblant tout à fait à ces merveilleux chefs de guérillas qui ont illustré l'histoire espagnole. Aux Indes, sous le titre d' « Inspecteurs de police », l'Angleterre envoie pour le même métier ses plus brillants sujets. Il faudrait savoir attirer les nôtres en Indo-Chine, et dès lors, la garde indigène, portée à dix mille hommes, suffirait, après la pacification complète, à la garde et à la protection du pays.

.·.

Ainsi que je l'ai fait pressentir, il n'en est pas encore ainsi. L'effet du décret de 1890 n'a pas été suffisant, parce que en France il est resté tout à fait inconnu, et qu'on ignore quels avantages sont faits aux officiers prêtés par la guerre au Protectorat. Aussi dans plusieurs provinces, quelques résidents, après expérience, se sont vus obligés de suppléer souvent leurs inspecteurs insuffisants, et de diriger eux-mêmes des opérations; on en a profité pour se moquer d'eux, et prétendre qu'ils voulaient jouer aux généraux.

Je sais bien que plusieurs d'entre eux, trop amoureux du bruit et de l'apparat, ont été où ils n'avaient que faire; mais on aurait pu se rappeler que la plupart sont d'anciens officiers de l'armée, chefs de bataillon ou capitaines, que beaucoup sortent de nos écoles, et qu'ils ne se trouvaient donc pas, en tête des gardes, si déplacés qu'on a bien voulu le dire : d'ailleurs, ils sont dans leurs provinces, les chefs absolus, et ils n'ont, en cette circonstance, usé que de leurs droits stricts et incontestés. Mais il est rare, il n'est peut-être pas arrivé de voir qu'un résident vienne commander une garde à la place et sous les yeux d'un inspecteur qui est vraiment digne de sa fonction. Un seul point plus délicat — et moins clair peut-être — est de déterminer en quoi consistent, en l'absence du résident, les rapports entre ses suppléants et les chefs de la garde civile. Là où y il a un vice-résident, il n'y a pas de difficulté; mais c'est là l'exception. Le chancelier, qui a droit à toute la « *déférence* » des inspecteurs — (c'est là le terme du règlement) — ne peut s'ingérer dans l'administration de la garde, comme le résident peut le faire : quant aux commis de résidence, ils sont absolument étrangers à la garde indigène, et doivent en toute occasion rester tels, à moins qu'une délégation spéciale du gouverneur ne les « *substitue* » au chef de province absent.

Il ne saurait y avoir là-dessus aucun doute,

Il existe pas mal de jeunes gens, anciens caporaux tout juste, entrés dans l'administration par la grâce d'on ne sait qui, et qui se complaisent à donner des ordres à des officiers, à les donner de très haut, avec une suffisance et un dédain très remarquables. Ces ordres doivent être considérées comme non avenus ; ceux qui essayent de les donner doivent être remis à leur place, comme des ignorants toujours, comme des insolents parfois. Le commis de résidence a juste le droit, s'il arrive une nouvelle inquiétante pour le repos de la province, de la transmettre en tous détails à l'inspecteur, qui est le seul juge de ce qu'il y a à faire dans l'éventualité qui lui est présentée.

Aucun autre fonctionnaire que le résident ne doit avoir même l'occasion de parler à un linh, et s'il est observateur des convenances et de l'esprit du règlement, il n'entrera dans le trai qu'au su et avec le consentement de l'inspecteur.

Telle est la lettre. Mais il est évident que de pareilles rigueurs doivent rester superflues, et qu'entre gens intelligents il y a toujours moyen de s'entendre, sans qu'aucun service ne se trouve froissé dans ses droits, où ce qu'il croit être tels. (Voir une étude de ce point particulier dans les numéros de mai 1891, de l'*Indépendance tonkinoise*.)

Le nouveau règlement, d'ailleurs, suppléant à ce que l'ancien avait là d'un peu obscur, soumettra la garde civile et ses chefs au résident seul, et la délivrera, envers tout autre, de toute obligation de service. C'est un grand bien. Car s'il se trouvait, vis-à-vis d'exigences ridicules, des chefs fermes, prêts à résister en invoquant le règlement et la logique, — il se trouvait aussi parfois que ces exigences s'adressaient à des subalternes, n'ayant que leur position pour vivre, craignant de l'exposer, et consentant à des compromissions et à des soumissions qui les diminuaient aux yeux mêmes de leurs linhs, très moqueurs et très perspicaces.

.·.

On a essayé dans différents cas, de faire marcher la garde civile concurremment avec les linhlês et linhios provinciaux ; les tong docs et les inspecteurs se trouvaient alors en présence, et il en résultait souvent des conflits d'autorité. Je n'hésite pas à déclarer qu'il est très douloureux pour un Européen d'obéir à un indigène, quel qu'il soit ; c'est actuellement d'autant plus dur, que parmi les fonctionnaires indigènes d'aujourd'hui, il n'en manque pas que nous avons connus simples lettrés complaisants, témoin l'actuel vice-roi, ou humbles boys allant faire le marché des missionnaires ou des Chinois, témoin le pho-su de Haïphong. Poussés par le caprice de leurs maîtres ou des événements, ils ont plus de morgue et moins de savoir que n'importe qui, et il semble impossible de leur subordonner le dernier des blancs.

D'autre part, au contraire, les mandarins de race, fussent-ils désignés comme chefs temporaires d'une colonne ainsi mélangée, ne feront jamais sentir leur autorité ; ils ont pour cela trop de tact ou trop de finesse. Ils s'effaceront bien plutôt au dehors, tout en restant en dessous les maîtres des événements, laissant aux Européens l'apparence du commandement, dont, la plupart du temps, ceux-ci se contentent faute de mieux. Actifs ou inactifs, ils ne feront jamais parade de leur pouvoir, fermeront les yeux sur un empiètement d'autorité, plutôt que de faire naître un conflit. D'ailleurs, auprès de ces hommes d'une civilisation très affinée quoiqu'un peu vieille, très maligne quoiqu'un peu lente, personne ne refusera de prendre conseil.

Enfin il est certain que des instructions très claires sont données toujours par les résidents pour qu'aucune discussion n'ait lieu. Et bien que l'on crie contre « l'Annamitophilisme » de nos gouvernants, je pourrais citer plusieurs cas où des quanans ou des quanhôs — non des derniers ni des moins influents, — ont été, par ordre écrit, mis sous les ordres directs d'inspecteurs jeunes, dont le passé et le présent avaient su inspirer confiance. Et si parfois les choses se sont passées autrement, c'est sans doute que l'on avait affaire à des chefs européens sans tact ni savoir, des incartades desquels on voulait à l'avance se préserver.

Et à ce sujet a paru une circulaire qui a mis en émoi toutes les brigades et toute la presse du Tonkin. Elle ne méritait pas cet excès d'honneur parce qu'elle a été, je crois, dictée à la suite d'un incident personnel : elle ordonnait aux inspecteurs détachés à la colonne de police du Baysay l'obéissance passive aux ordres verbaux, écrits ou simplement transmis du kinh luoc. Il est certain que la lettre de cette circulaire n'était pas tendre, surtout si l'on songeait que quelques jours auparavant à l'occasion du 14 juillet, le résident supérieur avait écrit à l'adresse des inspecteurs une lettre d'éloges que rien ne l'obligeait à envoyer.

Mais outre que la signature du bas de la circulaire garantissait à tous que l'intégrité de leur commandement leur serait conservée (attendu que le signataire passe pour le plus libéral, le plus zélé, et le plus éclairé de nos administrateurs) la circulaire se rapportait, je l'ai dit, à un cas particulier. Y eût-il dans la colonne du Baysay des officiers inspecteurs hors ligne, je suis convaincu que ces derniers auraient témoigné au kinh luoc la plus grande déférence, et eussent compris que négliger ou discuter les ordres du vice-roi aurait été de la plus grande inconvenance. Quant à obéir aux « délégués » du kinh luoc, la plume administrative a fourché là ; il est évident qu'un coolie, apportant un ordre scellé du grand sceau, ou même un ordre verbal avec un signe de reconnaissance quelconque, doit être écouté ; tandis qu'un quan huyên ou qu'un quan phu ne peut en aucune façon prétendre déplacer des linhs, sous peine de quoi nos troupes ne seraient absolument plus que les témoins ou les complices des cruautés et des vols, pour l'exécution desquels ces fonctionnaires inférieurs croient les expéditions spécialement conduites.

Dans ce dernier cas, le chef européen doit bien prendre garde à ne pas devenir l'instrument inconscient des vengeances particulières, ou des ambitions d'un mandarin ; et j'estime qu'il manque à son devoir, si, sur les conseils presque toujours intéressés d'un de ces personnages, il entreprend une opération de guerre, sans en avoir référé à son résident, ou sans au moins s'être fait une certitude, en faisant corroborer par des émissaires à lui la vérité des assertions du fonctionnaire indigène.

∴

Il eut été difficile pour les résidents d'utiliser leurs milices s'ils n'avaient pas eu par leurs fonctionnaires et leurs interprètes tous les renseignements nécessaires. Or, lorsqu'un mandarin ou un chef quelconque se trouvait rapproché d'un poste militaire, il allait porter ses renseignements au chef de poste, et s'en retournait la conscience tranquille. Il arrivait fort souvent que le chef de poste était un officier subalterne, ou même un sous-officier, qui gardait le renseignement pour lui, soit qu'il voulût seul en profiter plus tard, soit qu'il le jugeât de peu d'importance; de telle sorte que les chefs de province n'avaient que des renseignements tronqués, incomplets, et ne pouvaient avoir qu'une idée fausse et insuffisante de la situation du pays qu'ils avaient à diriger. C'est pourquoi ordre fut donné aux mandarins de tout grade d'envoyer leurs renseignements aux résidences, où ils devaient être centralisés. On sut dès lors à quoi s'en tenir.

Seulement on eut le tort de pousser à l'extrême cette excellente mesure. Il fut non pas ordonné, mais fortement conseillé aux mandarins de ne plus fournir d'indications aux chefs militaires, et ils se hâtèrent de se soustraire à cette morale obligation. D'autre part, certains résidents, en froid avec les autorités militaires, se gardèrent de leur communiquer les renseignements qui pouvaient les intéresser : de sorte que les soldats, qui avaient déjà pieds et poings liés, se trouvèrent subitement ignorants des choses de l'extérieur, et purent se plaindre d'être mis à l'écart.

Comme complément à ces mesures, on supprima les interprètes indigènes militaires ; les résidences prêtèrent leurs interprètes aux commandants de colonne ou aux états-majors, quand ils en eurent besoin. Mais ce n'était pas la même chose, et il était assez naturel, vu le caractère annamite, que ces agents fussent reçus moins comme des interprètes que comme des « observateurs » au profit des services civils.

Ainsi fut organisé le service de renseignements, de défense et d'attaque, entre les mains des autorités civiles, les forces militaires ne devant agir que dans les circonstances plus sérieuses et sur la demande du résident supérieur. Tous furent dès lors, tant résidents qu'interprètes, tant inspecteurs que gardes, l'objet, de la part des frustrés, des attaques les plus violentes, trop passionnées pour être justes, et devant lesquelles il faut dédaigner de s'arrêter.

# CHAPITRE IV

## LA LUTTE CONTRE LES REBELLES

Contre De Keu et Doc Ngù. — Combat de Quangnap et mort d'Ehrer. — Combat de Thaiquan et mort de Margaine. — Combat de Bangnhi et mort de Moulin. — Colonnes militaires. — Opérations de la garde indigène. — La fuite de Doc Ngù. — Combat de Dongngoc et mort de Charnot. — Guet-apens de Chobo et mort de Rougery. — Colonne de Yénlang.
Contre Nguyên Trieu Trong et Hoang Thangloï. — Opérations de la garde indigène. — Combat de Sonnhao. — Combats de Movù. — Opérations du Phùyênbinh. — Colonne du Nuila. — Combat de Tanthuy et mort de Chaudoreille.
Contre Luuky et Thanta Thuat. — Combat de Nhalo. — Premier combat de Benchau. — Défaite de Luuky près de Quangyên. — Opérations de la garda indigène. — Colonne de Dongtrieu et des Deux Songs. — Colonne de police du Baysay. — Mort de Porto Carrero et de Lesage. — Pacification du Baysay. — Conclusion.

Il y avait certainement d'autres chefs de partisans que Doc Ngù sous les ordres de De Keü, le doc Giang particulièrement, le doc

Khoat et d'autres ; mais Doc Ngù avait acquis une telle importance par ses premiers exploits que ce fut contre lui seul qu'on marcha dans les provinces du fleuve Rouge, et qu'on ne fit contre les autres que des opérations isolées, qui ne valent pas qu'on s'y attarde.

Doc Ngù, un pirate de Xondong, huyên de Tongthien, province de Sontay, inconnu encore au commencement de 1889, avait, par quelques affaires heureuses, obtenu une rapide notoriété. Choisi par De Keu comme simple messager chargé d'aller recruter des partisans dans le phù de Lamtao, il avait, par d'incessantes attaques de nuit, forcé le quanphu à quitter la résidence de Caomai, où il était à proximité d'un grand marché, pour s'installer à Thacson, dans un retrait fortifié où le pauvre fonctionnaire se trouvait fort mal, avait construit des murailles partout, et tremblait jour et nuit si fort qu'il faisait fermer ses portes même devant ses meilleurs amis.

Doc Ngù fit, dès le commencement, preuve d'une audace rare chez un Annamite, d'un coup d'œil surprenant et d'une grande habileté à profiter de nos maladresses et de nos imprudences. Son premier exploit fut l'échauffourée de Quangnap.

Le sous-lieutenant Ehrer, de la légion étrangère, chef du poste de Ngoc-Tap, faisait un jour (mai 1890) une reconnaissance sur Dailuc. Bien que la route de Ngoc-Tap à Dailuc eût été tracée par le génie, et par conséquent bordée de fossés, M. Ehrer, on ne sait comment, perdit son chemin ; il s'enfonça dans les marais boisés de Caïson et déboucha, tout surpris, dans la clairière de Quangnap. Cette clairière n'est qu'un trou à découvert, dominé de toutes parts, spécialement par deux mamelons occupés — celui de l'ouest par la pagode, — celui de l'est par le village de Quangnap. Doc Ngû était là à faire la sieste avec ses hommes. La sentinelle qui aperçut sur le sentier un Européen tira un coup de fusil. La balle alla frapper Ehrer mortellement ; parmi les soldats qui se suivaient à la file indienne, en chantant, ce fut une débandade : au bruit, les pirates sortirent des maisons, et, couronnant les mamelons, exécutèrent sur les fuyards des feux meurtriers. M. Ehrer, porté pendant plus d'un kilomètre, dut être abandonné sur le chemin ; onze Européens périrent. Quant aux tirailleurs et à celui qui les commandait, ils s'étaient enfuis jusqu'à Ngoc-Tap de toute la vitesse de leurs jambes. M. Ehrer fut coupé en morceaux, atrocement déchiqueté. A la place où il fut martyrisé, on lui fit une tombe, mais sous la pierre qui la recouvre, il n'y a rien de lui (1).

Investi de la confiance de De Keu, après cet heureux coup de main, et les populations lui ayant décerné le titre de dédoc, qu'elles ne donnent qu'aux joûteurs heureux, Doc Ngû, tout en se tenant personnellement à l'écart, ne cessa pas d'avoir ces heureuses inspirations qui rendent les chefs de bande si redoutables. Il eut sous sa directe autorité le doc Giang et le doc Thuong, deux chefs investis de pouvoirs jadis étendus, et relégués aujourd'hui au second plan. C'est Doc Ngû qui suggéra au doc Thuong l'idée de se déguiser en bon pêcheur

---

(1) Le sous-officier européen qui abandonna son lieutenant pour se sauver jusqu'au poste voisin, et qui eût dû être fusillé, était de l'infanterie de marine. Il fut décoré du Dragon de l'Annam.

d'ablettes et d'entrer au poste de Ngoc Tap, porteur d'un singe dormeur, dont il fit cadeau au commandant du poste, M. de M..., successeur du malheureux Ehrer. L'officier reçut le singe, et renvoya le pêcheur abreuvé. Doc Ngù n'attendait pas loin ; il était chez le caï-tong de Phù Tho, qui représentait justement à Ngoc Tap l'autorité mandarinale.

Quand, par le doc Thuong, il eut connu la force de la garnison, l'emplacement des casernes, magasins et poudrière, il se campa à 800 mètres du poste ; et canarda si bien les bons endroits que la garnison fut obligée de déménager, et qu'elle resta assiégée pendant cinq jours, n'osant sortir du poste, ni rentrer dans ses habitations.

\*\*\*

Doc Ngù fut alors appelé par De Keu de l'autre côté du fleuve Rouge, sur Hung-Hoa ; comme il était tenu de franchir fréquemment le fleuve Rouge et la rivière Noire, il établit, dans les villages alliés, ou terrorisés par lui, des moyens de passage très rapides. Sur la rivière Noire, ce fut de Habi, village du doc Duc, à Luong Khé, village du doc Dai, et dans un renfoncement de la rive, entre Luong Khé et la mine Leyret (poste de Dachung), toute une série de radeaux, paniers, sampans, petits bachots furent dissimulés ; le village de Tuvu, quoique un peu haut sur la rivière, fournit aussi son contingent, et de très bonne volonté, le caïtong étant un ancien camarade de De Keu ; sur le fleuve Rouge, ce furent les villages de Codau et de Trinhxa, et, tout particulièrement, en face de Cat-Trù, résidence ordinaire de De Keu, le village de Phao Thanh, très riche, neutre, mais influencé par son li-thuong qui était un bandit, lui fournit, et au delà, tous les moyens nécessaires. La facilité avec laquelle Doc Ngù et sa bande purent alors passer d'une rive à l'autre fut une des causes de ses foudroyants succès ; quand on le cherchait en un point il traversait un cours d'eau, et tombait comme la foudre sur une partie de nos lignes, jamais prévenues, et dégarnies pour former la colonne qui se mouvait là où il n'y avait plus personne.

Des troupes plus sérieuses, armées de fusils

à tir rapide, furent confiées à Doc Ngû ; il eût dès lors sa garde de 45 Winchester, qui ne le quitta plus jamais dans ses expéditions.

\*.\*

Le premier qui en fit l'expérience fut le lieutenant Margaine. Il faisait partie d'une colonne militaire aux ordres du capitaine F..., chargé d'opérer le long de la rivière Noire, dans la province de Hung-Hoa où Doc Ngû avait été signalé. Si le capitaine F... croyait trop aux pirates, M. Margaine n'y croyait pas assez ; arrivé au delà de Hiêplai, malgré les observations de son guide, il se lança comme un fou, suivi de ses tirailleurs, sur l'enceinte de Thaiquan, sans se faire précéder, sans rien reconnaître. Il y fut accueilli par une fusillade assez grêle, dont une balle le toucha à la hanche et le jeta à terre ; sa troupe se débanda ; le capitaine et tout son monde s'engagèrent, croyant à un parti armé de mauvais fusils ; au même endroit où M. Margaine était tombé, ils furent reçus par les quarante-cinq winchesters de Doc Ngû, qui se mirent inopinément à faire rage ; les tirailleurs épouvantés se sauvent sans tirer. Le capitaine rassemble ce qu'il peut, passe la nuit sur un mamelon en face. Le lendemain, comme il allait renouveler l'attaque, il s'aperçoit qu'il n'y a plus personne dans le village, et que les rebelles avaient vidé la place après avoir coupé la tête de M. Margaine. Cette tête fut portée en trophée à De Keu, qui la fit promener jusqu'à travers le huyên de Cam-Khé. M. Margaine fut enterré sur place : mais sur les instances de la famille, on l'exhuma, et au prix de mille danger, on le descendit à Hung-Hoa, dans un triple cercueil à destination de France. Cette triste besogne, qui fut toutes les nuits troublée par des coups de fusil, fut accomplie par la garde indigène de Hung-Hoa. De fièvre infectieuses ou d'accident, dix-sept Annamites périrent dans le transport du funèbre fardeau.

Après ce succès inespéré, tout le monde vint à Doc Ngù comme à un sauveur et un invincible ; il put marcher de ses propres forces ; De Keu le nomma dès lors général pour Sontay, Hung-Hoa, Vinhyên et Cho-Bô. Dès le mois de juillet 1890, Doc Ngũ installa son quartier général dans le Rungday, un peu au sud de Bat-Bac, entre la rivière Noire et l'arroyo de Camdai. Une chance heureuse, comme il n'en survenait qu'à lui, fit qu'il avait parmi ses compatriotes de Xondong, un nommé Hun, qui avait été boy d'un inspecteur de Sontay, et qui de ce chef connaissait parfaitement les tenants et aboutissants de la garde civile de cette province. Doc Ngũ s'en fit un allié fidèle, et l'amena à faire campagne avec lui.

Le Rungday était fort bien choisi : fourrés épais, coupés de clairières sans autres chemins que ceux que la hache capricieuse ouvrait un jour et que la forêt couvrait le lendemain ; retraites inaccessibles dans des pagodes abandonnées ; terrain très inconnu, qui d'une tache blanche coupait en deux la carte de la province de Sontay, touchant à Bat-Bac et menaçant la route de Hung Hoa, touchant au Bavi où on pouvait trouver un refuge, sans sortir à cet air libre que craignent tant les pirates ; enfin, centre très ignoré de vingt-sept villages, portant le nom générique de Ba Trai, maisons séparées, cachées dans la brousse, défendues à lafois contre les Français, et les bêtes fauves, approvisionnées de tout ; telle était la physionomie du repaire choisi par Doc Ngû, pour porter la rebellion dans Sontay, et séparer le chef-lieu des territoires de Yeulé et de Tuphap.

.·.

A ce moment, Doc Ngû chercha à faire alliance avec le man Lanh Canh souverain seigneur du Bavi, chef à peu près incontesté du massif montagneux où des touristes seuls ont pénétré, et qui reste absolument fermé à nos investigations. Lanh Canh, qui était âgé de 75 ans et plus, n'écouta que d'une oreille distraite les propositions du bouillant pirate, il se trouvait tranquille chez lui, et avait presque l'air, sur son territoire usurpé, d'un souverain légitime ; il ne se souciait pas de risquer une position aussi assurée que la sienne dans la lutte où il ne voyait tout d'abord que des coups à échanger et son farniente à abandonner, il offrit son amitié personnelle et n'alla pas plus loin. Aussi Doc Ngû, qui jugeait une alliance étroite avec lui nécessaire à ses projets, ne quitta plus les environs du Bavi, soit qu'il restât dans son Rungday, soit qu'il allât établir sa prépondérance dans son canton natal de Hôudong, et dans le grand bourg fortifié de Lagian qu'il possédait presque en entier. Une quantité considérable de partisans se réunit dès lors autour de lui. Il entraîna dans la révolte l'ancien caïtong de Phulang, maladroitement dépossédé de ses fonctions par une administration trop minutieuse : c'était un concours précieux, car outre les hommes dont il disposait le caïtong de Phulang, maître du canton de Hat-môn et des rives du Day, tenait la route de Hanoï, et parachevait le réseau qui peu à peu enserrait Sontay. Doc Ngû disposa dès lors de 600 partisans, dont 250 armés de fusils, les autres pourvus des armes annamites ordinaires.

On pourrait s'étonner que rien n'ait été fait contre ce pouvoir, qui dès sa naissance, s'annonçait si dangereux. Mais, outre que la résidence de Sontay ne contenait alors que des fonctionnaires peu disposés à la lutte, et par conséquent feignant de croire à l'absence de toute piraterie, les moyens manquaient d'une bonne répression. La garde civile avait été commandée successivement par un ex-maréchal des logis, incapable d'autre chose que d'une flatterie continuelle envers ses chefs (ce dont il tira du reste des avantages inespérés), puis par un très brave garçon, qui eût voulu bien faire, mais qui n'avait jamais conduit que des escarmouches d'aventure dans les palétuviers de Madagascar. Aussi quelques gardes principaux, ambitieux et peu dignes, avaient mis la haute main sur la garde, et avaient nommé aux grades indigènes des boys et des favoris ; ce qui fait que la brigade était dans un mécontentement profond et une désorganisation si absolue, qu'il n'eût guère été possible de lui demander une campagne.

.·.

A la fin de septembre, De Keu ayant à opérer vers Cam-Khé, demanda l'appui de Doc Ngù et celui-ci se mit en devoir de le rejoindre avec 200 fusils ; C'est à ce moment que le chef de poste de Bat Bac, un inerte qui ne connaissait ni ses linhs, ni sa région, ni son devoir,

averti par un lithuong en fuite — celui de
Ngoenhi, je crois — prévint à Sontay l'inspecteur Moulin du mouvement qui se préparait, en indiquant qu'un déplacement de population allait avoir lieu, et qu'il était protégé par quelques bandits. M. Moulin, qui disait volontiers n'être qu'un aventurier, ramassa 80 hommes qu'il trouva par-ci par-là dans les quartiers, et partit contre ce qu'il appelait une colonie d'émigrants. C'était le 5 octobre. Il offrit au chef de poste de Thaibinh, qui était là pour la solde, de l'accompagner, ce que celui ci accepta comme une partie de plaisir; et on s'en alla à Bat-Bac, ayant en plus un jeune garde principal qui venait d'être nommé, et n'avait l'expérience de rien. A Bat-Bac, le chef de poste témoigna le désir de venir, ce qui lui fut accordé; à 3 kilomètres de chez lui, il ne connaissait plus le pays; on négligea les avertissements du quan huyen, et ceux d'un missionnaire, le père G..., qui révélaient la présence d'une bande organisée : on s'en alla joyeusement sans rien savoir; je ne sais pas si même, on n'avait pas emporté de quoi faire un bon déjeuner.

D'ordre de route, point, de service de marche, point, de reconnaissance du pays, pas une : chacun s'avançait, comme il voulait, les linhs à la file indienne, aux talons les uns des autres, les quatre Européens en tête se racontant des histoires.

Pourtant les collines se resserraient, le sentier s'étriquait, le buisson devenait forêt, la nature environnante se faisait coupe-gorge. A un détour du chemin, à vingt-cinq mètres, apparut la barrière boisée, hérissée de bambous, menaçante, et partout fermée, du village de Bangnhi. M. Moulin s'arrête : « Il faudrait pourtant faire une reconnaissance en avant, dit-il. » Et pendant qu'il descend de cheval, les linhs s'amassent derrière lui causant, se groupant, fumant des pipes. Soudain, de derrière la barrière, du haut des mamelons, au-dessus des buissons, à droite, à gauche, en avant, en arrière très loin, en étage et à bout portant, une fusillade effroyable éclate. A la première décharge le guide est tué, M. Moulin tombe, tué raide d'une balle à la tempe; un autre Européen est blessé à la tête; douze linhs sont atteints et refluent vers les deux gardes principaux restés debout « chet ! chet ! crient-ils (1). Et sous le feu implacable et circulaire ils tourbillonnent en attendant des ordres qui ne viennent pas. Et les salves succèdent aux salves, les cornes de commandement envoient des ordres aux pirates, qui cernent le petit groupe, et, tout en tirant, descendent de leurs mamelons dans le fond du cirque. Le drapeau noir et blanc de Doh Ngû est hissé avec des hurlements de triomphe, à l'intérieur de Bangnhi.

Suivis de quelques linhs démoralisés, les deux gardes principaux se séparent, celui de Bat-Bac tirant vers son poste, celui de Taibinh au hasard dans la forêt. A chaque instant les linhs s'arrêtent, entendant les cris de lutte et de désespoir, puis reprennent, courbés et hâtifs, leur fuite silencieuse. Après trois heures d'angoisse, où vingt fois ils risquent de tomber aux mains de l'ennemi, ils se retrouvent en plaine et gagnent par des sentiers détournés le poste de Bat-Bac.

Cependant, au premier coup de feu, les deux phoquans Nhiên et Xûyên, qui étaient à l'ar-

---

(1) Chet ! mort, je suis mort.

rière-garde, n'ayant pas perdu leur présence d'esprit, avaient groupé autour d'eux, un certain nombre de linhs que la première décharge n'avait pas démoralisés. Avec eux ils poussent en avant et découvrent le cadavre de M. Moulin, abandonné en travers du sentier : « A moi ! » crie le phoquan Xûyèn, et tous se réunissent autour de leur chef mort, sans tirer, accroupis dans les hautes herbes, attendant l'ennemi vainqueur dont on entend l'approche, et dont le cercle impitoyable va toujours se resserrant.

Puis, tout d'un coup, les rebelles se découvrant, ils tirent : pendant deux heures, froidement et méthodiquement, usant toutes leurs cartouches dans leurs fusils brûlants, tombant les uns après les autres autour du corps de celui qui les a commandés : puis leur feu se ralentit : les munitions sont épuisées ; il n'y a plus une cartouche ni sur les vivants, ni sur les morts; le phoquan Nhièn tombe en travers du cadavre de M. Moulin, percé de trois balles. Un corps à corps sans merci s'engage. Mais, hors de l'atteinte des fusils et des baïonnettes, les longues lances des pirates fourragent à travers les corps des linhs, désormais sans défense : le phoquan Xùyèn est pris vivant par Huù, qui, après un jugement dérisoire, lui fait couper la tête. Alors, les quelques survivants qui peuvent s'enfuir prennent les armes des morts, et se cachent dans la brousse tandis que, désormais, maîtres du champ de bataille, les rebelles coupent la tête de Moulin, et déchiquètent les cadavres des linhs, autour de lui tombés. Puis, ils se mettent, sous les grandes herbes, en chasse des fuyards, et ceux qui échappent, entendent parfois, à dix pas derrière eux, le cri suprême du camarade, trop blessé pour fuir assez vite, et atteint par la lance impitoyable d'un rebelle. Sur le cadavre de Moulin quarante-deux braves se firent hacher, et de cette boucherie, il revint vingt et un blessés, témoins oculaires de toutes ces horreurs, chacun rapportant, outre son arme, l'arme d'un mort, et un entr'autres, qui mit deux jours à rejoindre, avait une balle dans le bras et une cuisse traversée, et fut recueilli près de Sontay rapportant trois fusils (1) !

(1) C'est de cet héroïque soldat, aujourd'hui bien portant, décoré, et encore à notre service, que je tiens les petits détails de ce récit.

Trente heures après, appelé de Hanoï en toute hâte, j'étais sur le champ du meurtre : le cadavre de M. Moulin était en travers du sentier, parmi l'effroyable mare de sang qui avait coulé de ces quarante-deux héroïques défenseurs (et j'ai conservé religieusement le ruban rouge qui étoilait le dolman du mort); un peu plus loin, sa tête (il fut transporté et inhumé par les soins du quanhuyên de Bat-Bac, sur un mamelon voisin du poste), dans les hautes herbes; le phoquan Xûyên, dont on ne put retrouver la tête, et à la porte du village, le phoquan Nhiên, qui fut inhumé à Tuan-Hoan, près de Sontay, avec toute la pompe et la solennité dont je pus honorer la mémoire de ce vaillant soldat. Ceinturons, porte-sabres, vêtements déchirés, sanglants, épars; du sang partout, comme si les rebelles en avaient arrosé le sol, le village désert. J'arrachai de là mes linhs, immobilisés sur ce spectacle funèbre, et après avoir rasé le village, je les menai, enragés, à leur premier combat. J'eus quelques jours après le plaisir de voir tomber, près de la tombe de Nhiên, vingt-sept têtes des massacreurs, de Bangnhi, hommage, suivant la religion d'Annam, le plus propre à apaiser les mânes d'une victime jusque-là sans vengeance.

.·.

Diminuée par les uns, exagérée comme à plaisir par les autres, cette tragique aventure eut un retentissement énorme et fut le signal d'une recrudescence d'audace parmi les pirates et aussi d'un changement absolu dans l'administration de la province troublée.

On y envoya comme résident un des plus zélés, des plus habiles, des plus travailleurs parmi les administrateurs que la Cochinchine nous avait fournis, et qui, sans aucun des défauts qui annihilent parfois les meilleures volontés, avait la ténacité voulue pour la besogne imposée ; et on lui adjoignit un inspecteur fort aimé des Annamites, au courant de la province, et décidé à toutes les audaces et à toutes les patiences.

Une mauvaise surprise les attendait à leur arrivée. Le doc Nam avait été pris dans le phû de Vinh-Thuong, et incarcéré à Sontay, où il attendait le coup final ; le tongdoc était à la veille de changer de place sa prison, qui tombait à l'eau du fleuve ; et, en attendant, il faisait garder l'ancienne par quatre linheos. Avec une audace surprenante, Doc Ngû descendit la rivière en radeau, s'accrocha au passage avec quelques hardis partisans, aux phalanges de la prison, et y mit le feu : les gardiens sautèrent comme des grenouilles dans les mares voisines. Doc Nam fut rendu à la vie des champs, et avec lui ses compagnons de captivité, qui par reconnaissance, suivirent leur libérateur. Cinq minutes après, Doc Ngû s'enfuyait vers Hatmôn, et Sontay se réveillait aux lueurs de l'incendie. Immédiatement, la troupe prit les armes et s'enferma dans la citadelle : le tongdoc et l'inspecteur coururent inutilement à travers la nuit, avec quelques hommes ramassés à la hâte.

Ce coup de main fut le dernier de Doc Ngû dans la province.

Le lendemain, la garde indigène, relevée de l'effarement de Bangnhi par de nombreuses cassations, de nombreuses nominations, et par l'entrainement d'une volonté vigoureuse, partait pour l'extérieur et ne devait rentrer qu'une fois Doc Ngû disparu.

\* \*

Il était toujours à Xôndong, à huit kilomètres de Sontay, où sa femme, en toute impunité, vendait des bois de construction aux travaux publics et au génie, et ramassait tous les renseignements possibles. Une colonne militaire sortit de Sontay, droit sur Xondong, et Doc Ngù, prévenu par le quanhuyên de Toug-Thien (qui, pour ne pas être pillé, faisait le métier d'indicateur), s'apprêta à bien la recevoir. Mais pendant qu'il échangeait avec elle les premiers coups de fusil, la garde indigène, qui avait fait un mouvement trompeur dans le phu de Quo-Bai, se rabattit sur la route de Yenlé et du Bavi, et prit à revers les positions du rebelle. Celui-ci, inquiet, quitte Xondong, poursuivi à grande distance par les shrapnels, se rabat sur Tienma où il est reçu à coups de fusil, sur Colien, où il y a tant de salaccos bleus qu'il n'ose y entrer, sur Lagian, qui, au moment où il allait y entrer, prend feu des quatre côtés avec une intensité telle, que réunissant dans la plaine ses six cents partisans, il file dans la direction du Bavi au grand galop de son cheval, accompagné de son drapeau noir, faisant moins bonne contenance qu'à Bangnhi. Éparpillés, ils disparurent dans les brousses qui couvrent les premières pentes du Bavi, où Lang Canh, souriant doucement de la mésaventure de son bouillant allié, lui donna un asile momentané.

C'était là, dans ces premiers contreforts, que se trouvaient les approvisionnements de riz et de bestiaux de Doc Ngù; le caïtong de Phulang et sa troupe étaient chargés de les garder; la garde indigène surprit et dispersa cette troupe dans l'escarmouche nocturne de Viênmong où les gardes abordèrent l'ennemi en traversant l'arroyo de Somgia, nageant d'une main, le fusil hors de l'eau, et les cartouches roulées dans leur turban sur leur tête. Le soir même Xom Rua était pris et les magasins à riz de Doc Ngù incendiés; le surlendemain, Yêncu brûlait et les troupeaux des rebelles étaient pris ou dispersés. Deux jours après était fondé le poste de Yên Khoai, à une heure seulement du Rungday, sur un mamelon célèbre où les rebelles se réunissaient souvent et où se trouvait une « pierre parlante » sorte de gong géant, que Thuyêt même avait fait résonner plus d'une fois sous les coups précipités des appels à la révolte. La même nuit, sous les yeux de Doc Ngù éffaré, Camdai, la première et une des plus fortes positions du Rungday, où trois fois déjà, nos troupes militaires et autres, s'étaient, sans succès, heurtées, était, toujours par la garde indigène, emporté de haute lutte, et de fond en comble détruit.

Puis au milieu des embûches sans nombre, tendues par les rebelles furieux, la garde gagnait Bat-Bac, d'où le lendemain, elle allait à Yên-Thinh, qui avait joué un rôle suspect dans l'échauffourée de Bangnhi; le village fut rasé, le lithuong pendu et la récolte des rizières donnée au quanhûyên de Batbac.

Tel fut l'émoi causé dans le pays par cette promenade triomphale, qu'aucun accroc n'assombrit, dans des régions qui n'avaient pas, depuis dix mois, vu un seul de nos soldats, et vivaient sous le joug de pirates quelconques, que, au nouveau Yên-Khoai, affluèrent tous les lithuongs, offrant des renseignements, des partisans, apportant l'impôt, proposant des relais de guides et de trams. Comme partout, le succès éveillait le dévouement.

Quelques jours après, la famille du caïtong de Phulang tombait entre nos mains, et, par les soins du quan Bô de Sontay, les ossements des ancêtres de Doc Ngù, de Doc Daï, et de tous les rebelles importants, ses alliés, étaient exhumés des rizières familiales, et mis sous verrous à Sontay. Cette mesure, pour les Annamites respectueux de la famille vivante et adorateurs de la famille morte, jetait la déconsidération sur ceux qui n'avaient pas su défendre du rapt les restes de leurs ancêtres, et poussait au découragement, précurseur des soumissions.

En même temps et comme diversion, Dinh-chu, Lai et Sonvinh, repaires du doc Ghiang dans le phù de Vinh-Thuong, étaient livrés aux aux flammes. Puis le phù, et le huyên de Tamduong, furent détachés de Sontay pour former le dao de Vinhyên, avec un centre administratif particulier, Huong-Canh.

De Doc Ngû, installé dans le Bungday, où il avait caché son monde, ses armes, ses approvisionnements, où il terrorisait encore la région de Tuphap (Yên Khoai lui interdisant désormais l'accès du reste de la province) il fallait avoir raison. Une colonne mixte s'organisa : le commandant G... fut chargé de fouiller le Rungday ; le commandant M..., d'arrêter les communications entre Doc Ngû et Lanh Canh, et la garde indigène, de fermer les issues aux rebelles. Tout se serait bien passé sans une faute du chef de l'artillerie, qui par une décharge prématurée de Schrapnels, prévint Doc Ngû du danger qui le menaçait ; celui-ci avait, depuis une heure, levé ses cantonnements du Rungday, quand le commandant G... y arriva ; il traversa la rivière Noire sur un point que les tirailleurs tonkinois avaient négligé de garder. Doc Daï se heurta à la garde indigène ; sa troupe fut rejetée dans la forêt et s'y dispersa, insaisissable. Quant au commandant M..., il avait passé son temps dans une des pagodes de Ba-Trai, entouré de trente sentinelles, et n'avait établi aucune autre garde, de sorte que Doc Ngù avait partagé son monde en trois troupes, l'une commandée par Doc Thuong, qui s'était faufilé entre Ba-Trai et Yènou et était allé à Lang-Gi, dans les contreforts inférieurs du Bavi; la seconde sous Doc Ngù, et la troisième sous Doc Daï, qui ainsi que je l'ai dit avaient, l'une franchi la rivière Noire, l'autre été repoussée dans le Rungday.

Mais la dernière nuit de l'opération avait été signalée par un singulier incident. Vers une heure du matin, le commandant M... qui dormait mal, aperçut dans un fourré deux points brillants qui pouvaient passer pour deux yeux, et qui avaient l'air de le regarder. Il donna immédiatement l'alarme, et les feux de salve commencèrent; la paire d'yeux disparaissait et réapparaissait, se montrant dans les fourrés, sur les mamelons, au sommet des arbres, et on tirait toujours; quand on eut brûlé 1,400 cartouches sur ce mythe, on s'arrêta fatigué. Et on fit courir le bruit d'une attaque nocturne par une bande de fauves.

À l'aube, l'artillerie de la même fraction avait aperçu, sortant d'un fourré quelconque, une soixantaine d'individus, qui semblaient arrêtés, se baissaient et se relevaient tour à tour dans les rizières.

Bien que la position de ces gens fut à 45 degrés de celle qu'occupait Doc Ngû, l'officier d'artillerie jugea que ce ne pouvait être que des rebelles, et fit tirer dessus une quantité de boîtes à mitraille dont la décharge donna précisément l'éveil à Doc Ngû : plusieurs desdits rebelles culbutèrent, et le feu prit dans les champs. Ces rebelles étaient soixante coolies du poste de Yên Khoai, en train de couper du riz et du bois pour le compte du poste, et l'incendie allumé détruisit le village de Donglu, où les habitants, à force de proclamations, étaient rentrés depuis quelques jours, et qu'ils abandonnèrent dès lors pour ne plus y revenir.

Tout le monde apprit — ce que beaucoup d'entre nous savions déjà — que dans toute la province, en dehors du haut Bavi, il n'y avait jamais eu de tigres; que par conséquent les yeux qui avaient épouvanté le commandant

M..., étaient deux yeux de guépard, ou simplement deux mouches à feu amoureuses. Il fut néanmoins félicité de sa bravoure et de son sang-froid.

Cette bande de fauves nous amusa longtemps; le quan Bô de Sontay s'en tenait les côtes, et les paysans, qui n'avaient jamais rien vu de pareil n'en revenaient pas. Le tigre du Bavi fut immédiatement placé avec le Léviathan et la bête de l'Apocalypse, et fut durant tout l'hiver, un sujet de joyeuses conversations. Les officiers de marine seuls ne prirent aucune part à cette hilarité; ils n'estimaient guère la manœuvre de leur commandant, mais ils ne pouvaient admettre que l'on mît en doute, pour n'importe lequel d'entre eux, l'omniscience tactique, stratégique et générale du corps entier.

\*
\* \*

Néanmoins Doc Ngù avait subi de graves échecs : la lutte se trouvait concentrée sur le territoire de Hung-Hoa. Doc Dai et ses partisans furent dès lors traqués, le Rungday fouillé en tous sens, le poste de Tuphap créé pour isoler le Lanh Canh.

Une expédition dans le sud du Rungday fit découvrir une quantité énorme d'approvisionnements qui furent transportés à Sontay; quatre des hameaux de Ba-Tray furent détruits. On établit le poste indigène de Dachung pour resserrer encore le cercle. Doc Daï profita de ce que le poste n'était encore fermé que de deux côtés pour tenter de l'enlever de nuit : le Doï et les douze gardes qui y restaient se battirent toute la nuit, et forcèrent les cent cinquante assaillants à se retirer avec perte, sans avoir pu atteindre la ficelle topographique qui servait de retranchement. Deux jours après, une opération combinée chassait de Tuvu les rebelles désormais impuissants. Enfin, au bout de deux mois, Doc Daï, qui ne possédait plus que les deux villages de Thaexa et de Luong-Khé, fut, au cours d'une reconnaissance qu'il fit sur le Ngocnhi, grièvement blessé, fait prisonnier par la garde indigène, et envoyé à Sontay où il eut la tête coupée.

Il s'agissait de chercher Doc Ngù là où il

s'était réfugié et de le mettre hors d'état de nuire. Malheureusement nous ne nous y prîmes pas assez tôt. Et nous laissâmes aux pirates démoralisés et diminués le temps de reprendre du courage et des forces.

Dévoré de colère, Doc Ngù reporta d'un autre côté tous ses efforts alors qu'on s'y attendait le moins : le phu de Lam Thao lui échappant à la même époque, par suite des expéditions du bas Songchai, il se rabattit du côté de Cam-Khé. Grâce au lithuong de Quancu, gagné par lui, le garde principal Charnot, commandant le poste de Phuong-Vuc, fut attiré dans un guet-apens, à Dong-ngoc, et, sauf deux hommes, tout son détachement fut massacré. Cet affreux attentat resta impuni. Ni les troupes ni la garde indigène de Hung-Hoa n'avaient d'effectifs suffisants pour donner aux rebelles une chasse utile, d'autant plus que De Keu venait de renforcer son monde avec des volontaires du huyên de Cam-Khé, et du haut Phuyên, et que par la vallée de Yên-Lang et de Tuvu, Doc Ngù donnait la main aux Muongs mécontents et aux révoltés de Thanh-Huy dans le dao de Myduc,

La piraterie sur la rivière Noire, qui avait cessé à Habi, Luong-Khô et Tuvu, s'était reportée plus haut, entre Jacan, Dongsong et Vosung où un impôt au profit de Doc Ngù et des Muongs du Dabac, était prélevé sur tous les sampans de marchandises allant au marché de Chobo.

Tout cela ne nous suffit pas pour nous décider à tenter l'effort suprême ; Et, sans nous préoccuper de la situation prépondérante qu'occupait Doc Ngù au milieu des centres mécontents, nous le laissâmes se fortifier dans la position de Yên-Lang, croyant qu'il n'en sortirait pas.

Le réveil fut terrible : dans la nuit du 28 au 29 janvier 1891, Chobo fut attaqué, pillé, brûlé, détruit, tout ce qu'il contenait mis à sac, le résident tué, la population dispersée, et l'œuvre de quatre ans réduite à néant en quatre heures. C'était l'œuvre de Doc Ngù et de ses alliés du my duc, appelé par le dedoc Dinhcong Thô. (*Voir chapitre II. Action intérieure des Résidences, page* 62).

C'est alors qu'on résolut, mais un peu tard, de frapper un grand coup. Une colonne mixte, comprenant les légionnaires de Hung-Hoa, l'infanterie de Marine de Sontay, les gardes indigènes de Sontay et de Vinhyèn, marcha sur Tuvu, Go-Lao et Yèn-Lang, qui furent évacués par les pirates. Le col de Kem fut occupé, et le lendemain, Doc Ngû osa, dans ses superbes retranchements de Xomgion, soutenir notre effort en face. Sept heures durant il résista, nous infligeant des pertes relativement sérieuses (1) ; jusqu'au dernier moment, encourageant ses hommes, se portant d'un bout à l'autre des lignes avec ses winchesters qui faisaient rage, il ne céda qu'à un mouvement tournant de la garde indigène de Sontay, qui fut pour cela citée à l'ordre de la colonne, et s'enfuit dans les montagnes, abandonnant ses positions, son camp, ses chevaux, pas mal de butin, huit mille cartouches, une foule de caisses provenant du sac de Cho-Bo, des milliers de quintaux de riz. Des deux cents morts qu'il y eut, quatre-

---

(1) Vingt Européens furent tués à l'assaut des redoutes.

vingts étaient restés pêle-mêle dans les tranchées. On fit prisonniers plusieurs assassins de Cho-Bo, qui donnèrent quelques renseignements, et à qui on coupa ensuite la tête. Ayant fouillé le pays, la colonne se retira, après avoir installé un fort poste mixte à Yènlang.

Cette démonstration jointe aux mesures énergiques prises par l'administration de la nouvelle province de Hoabinh Cho-Bo, mit fin à la piraterie active de De Keu. De toutes parts les soumissions affluèrent. M. V..., commissaire du gouvernement, adoré dans le pays qu'il connait depuis dix ans, s'introduisit seul parmi les rebelles, avec son courage et son sang-froid accoutumés, et en août 1891, obtint la reddition sans conditions de Thanh-Huy et de la bande de Myduc Cogioi, armes et munitions comprises.

Depuis lors la région est tranquille. Doc Ngu, refoulé dans les montagnes, n'ose plus en sortir; une centaine d'indigènes, avec gages, de la résidence de Sontay, sont autour de lui, comme boys, serviteurs, soldats au besoin, et n'attendent qu'une occasion favorable pour le faire disparaître, ainsi qu'il fut fait en 1889 de son prédécesseur Cò.

Mais il faut se rappeler que, si le succès a été complet, on n'a pas mis la main sur le grand chef, et que son influence personnelle reste donc à peu près intacte, et l'on doit continuer à apporter la plus grande vigilance dans l'observation et la garde des cantons de Vanban, Rung-Gia, et Yênlang, autour du quartier habituel de l'irréconciliable ennemi.

.*.

Au nord du fleuve Rouge, la première question fut de séparer Hoang Thang Loi de De Keu, en nettoyant le contrefort entre le fleuve Rouge et Songchai. Autrefois, l'autorité militaire tenait cette région dans sa partie basse par les postes de Dailuc, Phuyênbinh, Lucyên : deux avaient été supprimés pour leur insalubrité, l'autre était occupé par la garde indigène de Tuyen-Quang. Depuis ce retrait volontaire, tout le pays obéissait à Thangiat, à Viguyèn Trieu Tronh, et par conséquent à Hoang Thang Loï. Le quanhuyên de Thanbà, réfugié auprès d'un poste militaire, était sans influence aucune : le quanphu de Lamtao ne rencontrait ni au poste de Vietri ni au poste de Nogetap l'appui sur lequel il semblait qu'il pût compter ; il vivait au jour le jour, et de crainte d'enlèvement ne passait pas huit nuits de suite dans la même résidence ; le quanhuyen de Ha-Hoa, le plus éloigné de tous, avait fait avec les rebelles une tacite alliance, allait les saluer respectueusement au passage, et leur payait tribut, moyennant quoi on le laissait tranquille, lui, ses buffles, et ses administrés.

Il ne restait plus là comme soutien de notre autorité à peu près disparue que les catholiques du Songchai, élevés en notre amour par une suite de dévoués missionnaires, comme il s'en rencontre parfois. Ils devaient plus tard nous prouver leur fidélité par toutes sortes de services qu'ils nous rendirent, mais alors ils étaient en train de la payer par toutes sortes de vexations que les pirates leur faisaient endurer. Les missions de Noluc (Lamtao) de Chouga et de Calinh (Yên binh) étaient constamment pillées, les pères français traqués, et leurs ouailles, en fuite par les chemins des quatre coins de l'horizon.

— Le phu de Lamtao fut donc sérieusement occupé; un poste fut construit à Phao-Thanh, pour empêcher les passages si fréquents de Doc Ngu; les fourrés de Quanguap, les marais de Caïson, les bambous de Yenlanh, les sombres vallons de Thai binh furent parcourus en tous sens et expurgés; un autre poste fut établi sur le fleuve Rouge à Trinhxa, un autre sur la rivière Claire, à Lêmi (ancien Langsao) sur une éminence, arrêtant le passage des bandes de Dangchau et de Tamduong, protégeant le huyên de Phuninh, observant, dans ses retraites de Vaumong et de Baoheû, notre ancien ennemi Bahai, aujourd'hui soumis; et formant enfin un relai tout à fait utile au milieu de la longue étape Viétré-Phudoan, sur la route mandarine de Tuyên-Quang. Sans combat, Nguyên Trieu Trong avait abandonné tout ce pays, mais il s'en rattrappait cruellement un peu plus haut sur les frontières de Sontay et de Tuyên Quang, à l'extrémité du phu de Doanghung, où il surprenait à Sonnhao dans une position défectueuse M. le lieutenant B...., lui tuait du monde et le blessait grièvement.

\*
\*  \*

On voulut d'abord couper Nguyên Trieu Trong du Yun-Nan ; une énorme colonne militaire partie de Yênbai, et composée d'éléments tirés du nord des provinces du fleuve Rouge, envahit les bas contreforts du plateau de Tulong, et livra combat aux rebelles, sur le centre même de leurs quartiers ordinaires, à Movu, où étaient concentrés tous leurs approvisionnements et leurs réserves. Trois des quatre mamelons formant la position furent enlevés de haute lutte. Mais comme, le lendemain, on s'apprêtait à reprendre l'effort, on apprit que Thangiat, cantonné à Ngoi-Hoang, faisait une pointe sur Daiphan, centre assez fort, d'où il pouvait couper la route du retour à la colonne. Force fut donc, avec 33 hommes et 2 officiers hors de combat, de reprendre le chemin de Yênbai, laissant l'opération inachevée. Malgré tout, l'effet moral ne fut pas mauvais ; il y avait si longtemps qu'on ne nous avait vus à l'intérieur des plateaux du Songchai, qu'il était profitable pour notre cause de nous y faire voir, dans quelque situation que ce fût. Les rebelles se maintinrent sur leurs anciennes positions : Movu au centre, Ngoi Hoang au nord, Daipham au sud, avec des postes avancés, dans l'intérieur du pays, par Langbang et Dougly jusqu'à Langnac.

Ce fut à la suite du meurtre du lithuong de Dougly, que le poste Nghaquan fut établi, dans la magnifique forêt de cotonniers, de laquiers, et de lataniers de l'intérieur. Il était à peu près imprenable, et rendait la sécurité aux grands marchés du bas Songchai, qui par frayeur, s'étaient tous transportés sous le poste de Phayènbing. Il protégeait aussi les marchés de Socdany, contre Phudoan même, qui à la barbe du poste militaire, étaient continuellement attaqués.

Les avant-postes rebelles servaient de base à ces incursions : eux seuls pouvaient les faire : on leur fit donc la chasse. La garde indigène de Tuyên-Quang, prenant Thuyèn binh pour centre, opéra trois mois dans la région; il n'y eut pas de gros combats, mais des escarmouches isolées, toutes heureuses : successivement, Langbang, Langdai, Dougly, Rima, Sonnhao,

Langnac, Phuc-Loï, Quélam furent purgés, et la tranquilité régna momentanément dans le pays.

*
\* \*

Peut-être voulut-on aller trop vite alors : peut-être eût-il été raisonnable de ne pas vouloir tout faire à la fois. Nous n'étions pas en face de gens qui se battaient pour un caprice, ou par peur du chef qui les commandait, mais bien pour leur pain de chaque jour, que nous leur avions retiré, en supprimant le libre commerce de l'opium ; il ne fallait pas compter qu'un seul revers ou qu'une seule série d'insuccès les détacherait d'une cause où les attachait le besoin, et que, comme dans le Delta, ils viendraient à notre parti vainqueur, lequel leur accorderait une amnistie relative, une protection passagère, et les laisserait ensuite mourir paisiblement de faim : il fallait s'attendre, au contraire, à ce que ces gens revinssent à la charge jusqu'à leur dernière chance et leurs derniers hommes.

C'est ce que l'on comprit mal ; l'administration de la province tourna ses efforts d'un autre côté : un lieutenant d'Aquoc Thuong, cerné par les caresses engageantes et les douces promesses du résident de Tuyên-Quang, consentit à recevoir pension, et à cesser, lui et ses 400 Chinois, toute hostilité dans le huyên de Vixuyên et le tong de Dangchau. Ce que voyant, Hoang Thang Loï sortit de chez lui pour rallumer les courages éteints et arrangea le pauvre Chinois de la belle façon. Celui ci, forcé d'obéir au redoutable chef, et ne voulant pourtant pas manquer à la parole donnée, quitta la province avec ses partisans et s'en alla porter le désordre vers Huongsong et Thanguyên, dont le résident eut beaucoup de peine à faire face à ce surcroît inattendu d'adversaires.

Puis comme on croyait les rebelles bien divisés au sud, bien impuissants du côté de l'est, on résolut de séparer brusquement Hoang Thanh Loï de Thangiat. Le lien qui les réunissait était tenu par un vieux rebelle, le phoquan Daï, caché dans les montagnes de Bac-Ha. Harcelé sans cesse, par le nord, par l'est, par le sud, il se cantonna définitivement chez lui; le chef de poste militaire de Phudoan, qui essaya de le chasser jusqu'en sa demeure, fut très mal reçu et vite éconduit. Un garde indigène s'offrit, et on accepta, l'offre pour épier l'individu, et durant deux mois ce garde vécut en coolie chez les rebelles; quand il revint chargé de renseignements, on n'eut pas long à faire. On construisit un poste inexpugnable, à Langngoi, et tantôt par là, tantôt par les fourrés de Dien Son, tantôt par la forêt de Bacmuc, Phoquan Daï fut harcelé et battu; enfin il fut tué dans le Nui-La, dans une surprise que lui ménagea son ami intime, le caitong de Vinh-Kien, dont il avait souvent pillé le territoire. Et la région entre le Songchai et le Songea sembla pacifiée pour toujours.

Pour achever la victoire, une seconde colonne, partie de Yênbai, traversa le bas plateau de Tulong, sans rencontrer le moindre obstacle, et s'en alla placer de nouveau un poste à Lucyèn sur les derrières des rebelles, pour les isoler complètement de la Chine.

.·.

C'était hardi, trop hardi; le résultat fut foudroyant. Hoang Thang Loï sortit exapéré de Hoangsiphi, et tandis que les Chinois des frontières faisaient des démonstrations dangereuses jusque sous les murs de Baquan et de Hayang, menaçaient Vinhtuy, et occupaient Bac-Muc, où pendant trois semaines ils coupèrent la tête à nos trams, pendant ce temps, Hoang Thang Loï, avec un gros parti de fidèles, traversait le Nuila et venait se mettre à la tête des bandes de Thangiat et de Nguyên Trieu Trong. Les habitants du Songchai épouvantés désertèrent leur pays; en quatre jours il en arriva plus de 4,000 à Phudoan, sur radeaux et sampans, qu'ils ancrèrent sur la rivière Claire, en attendant les évènements. La trombe des rebelles suivit de près; pour que le poste de Nghaquan ne disparût pas sous cette marée montante, on le renforça, puis on le supprima. Les marchés et les chrétientés du Songchai furent de nouveau dévastés. Hoamock fut pillé, la route du Tuyên-Quang interceptée. Aussitôt, departout, militaires et gardes indigènes accoururent : ceux de Tuyên Quang, de Vinhyên, de Viétri et de Sontay ; un énorme rassemblement eut lieu vers Phudoan, si énorme que

Hoang Thang Loï recula : la colonne fit son chemin sans trouver personne, et le combat n'eut pas lieu, faute que les combattants se fussent rencontrés.

— Et tandis que Hoang Thang Loï mettait ainsi toute la rivière Claire en ébullition, ses lieutenants formaient autour de Hayang un cercle menaçant; sauf sur la route du sud, toutes les communications étaient interrompues à 10 kilomètres du poste. Une colonne en sortit pour lui donner de l'air; elle heurta les pirates aux tranchées de Tam Thuy, où M. le lieutenant Chaudoreille fut tué. Et ce fut tout; la région n'avait pas les forces nécessaires pour tenter une opération de longue haleine, et les Chinois, sans jamais attaquer, resserraient leur cercle menaçant d'observation.

Nous en sommes encore là vis-à-vis de Hoang Thang Loï : il faut espérer que l'arrivée d'un résident militaire à Tuyên-Quang coïncidant fatalement avec un sérieux renfort de troupes, améliorera la situation très douteuse où nous nous trouvons, surtout si ce résident militaire, distinguant ceux qu'il faut châtier de ceux qu'il faut pardonner, sait, par des concessions faites à propos, diminuer le nombre de ses adversaires.

.·.

Depuis que Luong Tam Ky, plus ou moins soumis et allié, faisait fonction de gardien de nos droits dans la région de Chomoi, depuis l'enlèvement de MM. Roque à Benchau, depuis surtout que nous avions à leur sujet, traité avec leurs ravisseurs, d'égal à égal, et que nous n'avions pu leur arracher nos compatriotes qu'à prix d'argent, Luuky était devenu notre plus sérieux embarras du Tonkin Est. Le « protecteur pour Hamnghi » des provinces Nord ne se hasardait pourtant pas dans le Delta.

Mais de toute sa force il en soutenait les rebelles, et faisait dans les provinces de Moncay et de Quangyên des incursions très gênantes, qu'elles fussent ou non heureuses. Il est assuré, ou à peu près, qu'on n'aurait pas été chercher Luuky dans ses retraites très fortifiées du Dongtrieu, du Songky et du Luengan, s'il ne s'était pas ingéré dans les affaires de Thanta Thuat et s'il n'avait pas offert aux troupes de ce dernier, après quelques défaites ou quelques fatigues excessives, son territoire comme séjour de repos et de réflexion : c'est pourquoi, d'ailleurs, malgré leur race et leurs tendances différentes, les deux chefs s'entendaient parfaitement dans leurs mouvements et dans la simultanéité de leurs déplacements.

Les militaires, qui tiennent tout le pays nord de la province de Haiduong, qui possèdent de grands rassemblements de troupes à Dongtrieu et aux sept Pagodes, avaient vainement essayé de se débarrasser de ce dangereux voisinage. Une fois à Benchau, une seconde fois à Duongdé, les colonnes formées de fantassins de marine et de tirailleurs, s'étaient heurtées à des forces supérieures et mieux disposées, avaient perdu du monde et quelques fusils, à deux heures seulement de leurs garnisons, et avaient été obligées de battre en retraite. A la suite de ces échecs, Luuky avait fait construire, sur les mamelons même de Benchau, un fortin hérissé de défenses, plein de Chinois, où même il y avait quelques canons légers et qui inspira, chez les indigènes, une terreur générale et chez nous une grande hésitation.

Le résident de Haiduong prit bien les mesures nécessaires; un poste fut installé à Lacson, pour rendre plus sûre la route des Sept-Pagodes à Dongtrieu, et un autre à Nhalo, pour garder le passage du Song-Gia, une des plus grandes artères de la région, réunissant le Songcau, le Thaibinh, le Songkinhmon et formant ainsi le Song-dang-Giang. Mais ce n'était pas assez de se tenir sur la défensive; il eût fallu aller de l'avant; et comme nous ne l'osions pas ce furent les rebelles qui l'osèrent.

Nhalo fut une belle nuit attaqué par un parti de 200 rebelles qui mirent le feu aux barrières et envahirent le poste, d'où le quanhûyên épouvanté s'enfuit, et où le chef de poste soutint dans sa maison un siège de sept heures; au bout de ce temps, découragé des pertes qu'il faisait, l'ennemi se retira. Trois jours après, c'était le poste de Dongtrieu qui recevait des coups de fusil, puis ce furent des trains enlevés, et toute une guérilla insaisissable et incessante,

\* \*

Le chef de poste de Lacson, un Annamite, se conduisit dans ces circonstances d'une manière au-dessus de tout éloge ; sans cesse hors de son poste, à l'affût des moindres nouvelles, il ne se passait pas un jour, que, rendant à l'ennemi ruse pour ruse, il ne l'attirât dans un guet-apens et ne lui prît des armes. Mais ces exploits isolés et tout personnels ne suffisaient guère. On ne pouvait mettre sur pied des forces sérieuses, car la révolte du Baysay venait d'éclater dans toute son intensité : les gardes indigènes de Haiduong, Hanoï, Bacninh, d'autres encore étaient sur pied et fouillaient en tous sens cette région jadis florissante, que l'ouverture du canal des Rapides a réduite à la misère et aux habitants de laquelle la faim a mis le fusil en main. Le Kinhluoc et l'ancien résident de Vinhyèn dirigeaient les opération ; comme toutes les actions de guerre, où les mandarins entrent en scène, et où leurs linhtés figurent, elles durèrent très longtemps, assez longtemps pour permettre à tous les indigènes un peu importants qui en faisaient partie de s'enrichir impunément. On obtint pas mal de soumissions, mais on ne put arriver à se saisir du doc Cui, et quant à Thanta Thuat il était si populaire, si universellement craint, que le Kinhluoc lui-même n'eût pas osé porter la main sur lui, et que les trois quarts des mandarins eussent favorisé sa fuite, s'il avait été fait prisonnier. On tua beaucoup de pillards, on rasa pas mal de villages, et on prit trois cents armes à feu. Mais c'était plutôt un ouvrage de dévastation qu'une œuvre de pacification et on ne mit là que les forces les plus brutales et les chefs les moins *compréhensifs* de la colonie. Et malgré la sélection faite, il se trouva des gens qu'on avait crus moins susceptibles, lesquels protestèrent vigoureusement contre certaines horreurs commises, des déprédations, des violences.

C'est ce qui occasiona la fameuse circulaire sur la subordination au Kinhluoc des chefs de la garde indigène, car l'un d'eux avait surpris un haut fonctionnaire en flagrant délit de rapt et avait eu le tort de le dire et de s'en plaindre, le mandarin, comme la femme de César, ne devant jamais seulement être soupçonné.

A la fin, grâce à la patience, aux recherches acharnées des gardes indigènes, et au dévouement de leurs chefs, dont deux MM. Lesage et de Porto Carrero trouvèrent au cours des opérations une mort glorieuse, la piraterie fut étouffée dans le Baysay; des quatre chefs qui la dirigeaient, et dont personne encore n'avait pu se rendre maître, l'un De Tinh, fut décapité; l'autre, Cai Bien, se pendit dans sa prison, les deux autres attendent sous verrous l'immanquable condamnation de notre justice.

\*
\* \*

Luuky était alors avec sa bande dans le haut Moncay, où il subit plusieurs échecs, infligés par la garde indigène de cette province. Dans une rencontre très malheureuse (1) qu'il eut, on le crut même tué; le bruit en courut avec persistance pendant plusieurs semaines.

(1) A Damnhi, où il perdit soixante-quinze hommes et vingt-une armes.

Il n'était que trop vivant; devant les revers des révoltés du Baysay, il jugea une diversion nécessaire; il était reparti pour le Luengan où du reste l'appelait constamment sa très active contrebande d'opium; puis il avait mobilisé sa bande de Barchau; quittant ses anciens postes, elle avait tourné Dongtrieu par le nord, était venue s'installer à Binhbac, dans les forêts au-dessus de Lacson à Matson. Par la coopération du caïtong de Matson, ces bandes inquiétaient les Sept-Pagodes et mettaient Lacson en perpétuel danger. Plusieurs fois on fut obligé de venir dégager le poste.

Comme cela ne pouvait durer, on résolut une grande colonne qui nous débarrassât à jamais de Luuky. Et par la même occasion, on songea à purger, définitivement, les îles des deux Songs (Philiet et Maidong), déjà pacifiées après la reddition de Doc Tich (1889), mais où s'étaient depuis lors installés dans les cirques rocheux de nombreux rebelles.

Au prix des plus grandes fatigues et avec des succès divers, on fouilla les repaires de Traison, Phapco, Philiet, Lachy et on construisit des postes à Maiduong et à Duonlai.

Cette contrée fut traversée de nouveau par l'énorme colonne qui dut aller chercher Luuky dans la vallée du Song-Ky. En effet, il venait de se produire un grand mouvement qu'on attribuait à tort à une retraite de Lunky ; traqué de toutes parts dans le Baysay, Thanta Thuat venait de faire passer par petits groupes, la plus grande partie de ses troupes à l'est de Dongtrieu et tandis que dans le Baysay le Kinhluoc commençait à faire buisson creux, nous nous heurtâmes, sur le Song Ky, à une force double de celle que nous croyions rencontrer.

\* \* \*

D'ailleurs, cette colonne est un des plus jolis exemples d'un résultat négatif obtenu, avec les meilleures chances de succès, les troupes les mieux préparées, le chef le plus savant, les dispositions les mieux comprises : tout simplement à cause d'erreurs peu sérieuses, de la malentente des unités, de la négligence volontaire des détails et du mépris continuel du pays où l'on manœuvre et des adversaires que l'on cherche.

La marine, cette marine à laquelle on donne aujourd'hui la surveillance de nos côtes et de deux provinces, manqua sa mission.

Chargée de fermer le cercle dont la garde indigène et les compagnies de débarquement tenaient les trois quarts, elle oublia son rôle, et, tandis que ses coopérateurs se morfondaient à leurs postes, elle arriva, faute de lire les ordres qui lui avaient été envoyés, vingt-quatre heures trop tard, laissant ainsi ouverte, pendant un jour et une nuit, dans la circonférence enveloppante, une trouée dont les rebelles profitèrent pour disparaître et se dérober au piège qu'on leur avait tendu.

Le colonel D..., qui commandait cette expédition, ne voulant pas rentrer bredouille, dirigea alors tout son monde sur Dongtrien dans des directions différentes, à la recherche de Luuky, qui se tenait dans la vallée du Song-Ky : la plus forte portion de cette colonne se tint au sud, et longitudinalement à cette vallée, qui va de l'est à l'ouest, gardant tous les débouchés vers le Song-Gia ; la garde indigène se tint à l'origine du Song-Ky et aux défilés Nord (Mam-Mao, col de Xông, etc...,) et la garnison de Dongtrieu et des Sept Pagodes, aux ordres de M. le commandant R..., marcha droit à Luuky par la sortie de la vallée, le refoulant peu à peu à l'intérieur et le rejetant dans le cercle de fusils, qui, braqués sur lui, l'attendaient.

La marine chargée du transport par eau des troupes depuis Maidong jusqu'à Huongby, à travers les différents arroyos du bas Delta, qui, à marée haute, deviennent de véritables fleuves, remorqua la garde indigène, chargée de la mission la plus lointaine et la plus en l'air, jusqu'aux environs de Huongby; et là, le commandant du remorqueur, trouvant qu'il avait assez fait pour la patrie, la déposa délicatement dans une île, et s'en alla sans regarder derrière. De sorte que l'inspecteur qui la commandait, et qui devait marcher immédiatement sur Mam-Mao, tourna toute la nuit dans son île, comme un oiseau en cage, et dut attendre jusqu'au matin la marée basse pour traverser l'arroyo sans que sa troupe eût d'eau plus haut que le cou. Il arriva quand même sur ses positions à l'heure dite, mais avec des hommes exténués, fourbus, peu confiants déjà, et riant entre eux de la science des marins français qui prenaient un îlot pour la terre ferme.

Tout se passa à peu près comme il avait été prévu : le commandant R..., rencontrant devant lui les avant-postes des pirates, les poussa dans la vallée où on avait établi de si beaux guet-apens.

On entendait, se rapprochant peu à peu, les feux de salve. Déjà les indigènes regardaient leurs fusils de ce coup d'œil caressant, que, d'après Cooper, les trappeurs de l'Arkansas ne manquaient pas de donner à leurs rifles à l'approche des grands fauves. Le commandant R..., oublia malheureusement ses flanqueurs et son arrière-garde. Les pirates, ennuyés d'être poursuivis dans un entonnoir, s'écartèrent à droite et à gauche, laissèrent passer la colonne, qui marchait héroïquement à la queue leu leu, et se refermèrent derrière elle. Puis ils choisirent le moment du fort midi, où nos soldats, s'étant bien éclairés par devant, faisaient les uns la soupe, les autres la sieste, et à grands feux de salve leur tombèrent dessus à droite et à gauche, et par derrière,

M. le commandant R... gagna, avec sa troupe tourbillonnante, des altitudes assez considérables pour ne pas être inquiété, contraint de laisser sur le lieu de combat quatre fusils, des morts, des habillements, des bagages, etc... (1). Les uns furent enterrés, les autres furent rapportés (moins les fusils) et le reste fut brûlé par la garde indigène de Haiduong, qui, inutile au fond du traquenard éventé, battit le lendemain la vallée dans toute sa longueur.

Quant à Luuky, la grande porte de sortie étant ouverte, il jugea superflu d'essayer d'enfoncer les petites, et faussa compagnie à la colonne par les défilés de Luengan, où personne n'eut envie de courir après.

. . .

Cependant rien n'était changé et, comme par le passé, Luuky pouvait inquiéter nos postes. De plus les mines houillères de Dongtrieu, cédées par leur propriétaire à une direction

(1) Il y eut en plus six blessés et onze morts d'insolation.

anglaise, et par cette direction anglaise à une association chinoise, étaient un centre de piraterie qu'il fallait surveiller. On installa donc, vis-à-vis ces mines, et aussi vis-à-vis les débouchés sud des cols de Mam-Mao et de Caytram, trois cents gardes indigènes qui construisirent, de Lamsoa à Donson, une véritable ligne fortifiée dont l'installation nous coûta quelques pertes (à Donson notamment, 18 août 1891). De plus, Dongtrieu coupant les débouchés du Song-Ky, le poste de Huongby rétabli formant le débouché Est, les autorités civiles et militaires du Luengnan durent s'entendre pour que pas un être vivant ne pût aller du Luengan en Chine.

Luuky se trouvait ainsi pris à son propre piège; il était observé et acculé dans un pays où il ne pousse pas un grain de riz; on laissait sortir les émissaires qui allaient à son ravitaillement, et on ne les laissait pas rentrer. Une telle tactique demande des mois de patience.

Eut-on le courage d'attendre ? non; car en voulant, du Luengan, pousser droit à l'ennemi, M. le lieutenant de Vathaire s'est fait tuer à l'assaut de la pagode de Keha (21 août 1891). Aura-t-on la possibilité d'utiliser longtemps des forces nombreuses à cette besogne? Il est à supposer que, à l'heure présente, on a rompu le cercle pour opérer un mouvement direct sur Luuky, et que Luuky, né malin, aura profité de la première solution de continuité faite dans son blocus, pour aller se refaire loin de nos atteintes, et pour recommencer à nous jouer — au jour où nous nous y attendrons le moins — un de ces tours cruels qui lui sont familiers.

\* \*

Ainsi, au sud, un ennemi battu et dépopularisé, mais incomplètement désarmé; au nord, une situation assez compromise, où l'on se tient en présence dans une observation menaçante; à l'est, un ennemi traqué, mais non encore vaincu, prêt à profiter de la première faute qui diminuera l'avantage que nous avons actuellement sur lui : tel est présentement l'état des belligérants; il n'est pas des meilleurs sans doute; mais, malgré son apparence douteuse, il témoigne d'un grand pas fait en avant pour la pacification ; il peut être rapidement amélioré ; il est, en tous cas, préférable à celui où nous nous trouvions en 1888, à la création du régime civil.

# CHAPITRE V

## LES TROIS MODES DE RÉPRESSION

*Contre les pillards.* — Remèdes contre la famine ; fin de la misère. — Protection du travail. — Surveillance des mandarins. — Milices cantonales et communales : la circulaire n° 25. — Armement des villages. — Colonnes de police.
*Contre les pirates.* — La garde civile indigène ; ses qualités. — Principes de la chasse aux pirates. — Action des brigades. — Le pamphlet de M. Bévin. — *Pro domo meâ.*
*Contre les rebelles.* — L'armée régulière, l'infanterie de marine, les colonnes mixtes. — Les territoires militaires. — Les soumissions volontaires : Luong, Tamky, etc...? — Les concessions de terrain. — L'opium. — Les travaux publics et les sociétés minières. — Reconstitution et protection des anciens centres.
CONCLUSION.

Il a été, au premier chapitre, nettement fait différence entre les genres d'ennemis auxquels nous avons affaire : leur composition, leurs tendances, leurs manière de combattre sont si différentes qu'il est naturel de leur opposer des modes différents de résistance et de répression.

Contre de simples pillards, qui vont d'un village à l'autre pour satisfaire une avidité, une vengeance, un besoin de rapines, les gardes cantonales, les linhs au service des mandarins, au besoin, les gardes indigènes suffisent.

— Contre les pirates qui ne reconnaissent pas notre autorité, des colonnes de gardes indigènes; parfois les autorités civiles et militaires se concertant, des colonnes mixtes marchent suivant la gravité du cas.

— Enfin contre les rebelles, soit qu'ils se retranchent derrière la personnalité d'un roi détrôné, soit qu'ils invoquent la défense de leur nationalité chinoise, on doit agir par une opération de guerre avec l'armée régulière, si l'on est sûr du succès, sinon, par des arrangements, au besoin par des concessions qui, en nous évitant des dépenses, nous feront sortir de notre arbitraire et rentrer dans la saine régularité des gouvernements administratifs, les seuls possibles et durables.

La misère seule a fait sortir les Annamites de leur caractère un peu apathique et de leur existence paisible. Ce serait donc d'abord à une bonne administration intérieure qu'il faudrait demander le premier remède au mal. C'est ce que démontre parfaitement le nouveau journal en caractères de Hanoï, et qui sera certainement la meilleure de nos feuilles, si le protectorat ne lui dicte pas trop ses articles.

Les famines estivales sont un des plus grands fléaux de la colonie, elles causent des révoltes presque continuelles. Le gouvernement a ordonné depuis deux ans l'établissement de magasins de réserve de riz, renouvelés et augmentés chaque année, auxquels on ne peut toucher que pendant les moments de disette ou de récoltes tout à fait inférieures. Ils sont à la charge des chefs indigènes des provinces, ramassés sur le trop plein des bonnes années et distribués ensuite gratuitement.

Le meilleur serait d'empêcher les disettes,

et cela se peut en régularisant le régime des inondations intérieures nécessaires à la culture du riz ; en réparant les digues des fleuves qui évitent les crues dévastatrices, et les digues de retent qui arrêtent les dessèchements imprévus. On peut de la sorte avoir encore des récoltes médiocres, auxquelles on pare avec les magasins de réserve, mais on évite les disettes complètes.

La simplification des formes administratives, la cessation de toutes tracasseries vis-à-vis des habitants qui négocient ou qui commercent, donneront un grand essor au travail de gens qui n'aiment pas que l'administration se mêle trop souvent de leurs petites affaires intérieures.

L'Annamite est essentiellement travailleur et industrieux ; véritablement doué, il élève son métier, si grossier qu'il soit, à la hauteur d'un art ; content de peu, il est satisfait lorsque son travail lui rapporte la nourriture de chaque jour ; il n'élève jamais ni conteste ni difficultés, c'est un administré *de tout repos*. Naturellement ingénieux et adroit, si sa branche de métier tombe en défaveur, il en prendra sans se plaindre une autre, dût-il à l'âge mûr recommencer son apprentissage ; la complication de leurs différentes industries fait que tous les corps de métier ont besoin les uns des autres ; ceux qui travaillent ensemble ne se quittent donc guère ; c'est un gage de sécurité et de stabilité pour les provinces industrieuses.

Il est donc évident que, lorsque le riz sera assuré au cultivateur, et le travail à l'habitant des villes, le caractère pacifique de l'Annamite reprendra le dessus et nous serons délivrés de ces bandes agaçantes, peu dangereuses en somme, mais qui causent sur leur passage autant de dommages qu'une nuée de sauterelles et nous tiennent constamment en éveil. Dût-on même dans les commencements y dépenser de l'argent, il vaudrait mieux, et il reviendrait moins cher de distribuer du riz que des coups de fusil.

Il faudrait ensuite surveiller d'assez près les mandarins dans l'exercice de leurs fonctions, surtout pendant la répression des désordres. On ne pourra jamais empêcher toutes les exactions ; d'eux-mêmes, les administrés s'y soumettent, et les cadeaux par lesquels ils achètent la justice et la bienveillance de leurs mandarins, sont d'une si courante habitude, qu'ils ne sont plus qu'une des formes de leur politesse et une des marques de leur respect. Mais le mandarin exige souvent plus qu'on ne lui donne, plus qu'on ne peut lui donner. La répression des abus, il la fait à coups d'amendes; sous prétexte de pacification, il exproprie et ruine pas mal d'innocents, et nous crée autant d'ennemis; et le produit des expropriations va dans sa poche. Notre justice perd à se servir de tels exécuteurs, et n'amène, au lieu de tranquilité, que la misère et la révolte.

.˙.

Une fois ces mesures préventives prises, il faudrait être impitoyable envers ceux qui continueraient à marauder, et pouvoir disposer contre eux de forces toujours disponibles, marchant toujours.

Je suis d'avis que, lorsque les villages seuls sont attaqués, ce sont les villages qui ont le plus d'intérêt à se défendre; on peut, on doit donc leur donner le moyen de résister, et ne pas hésiter à leur confier des armes européennes pour repousser les premières attaques. C'est dans cet ordre d'idées qu'a été conçue la circulaire n° 25 qui a eu les honneurs de la polémique la plus acerbe et la plus outrageante. (*Journal officiel*, 2ᵉ partie, 7 mai 1891, p. 249.)

Les militaires surtout ont beaucoup réclamé contre cette circulaire parce qu'elle préconise des distributions d'armes : à les entendre, le Tonkin, qu'ils demandent continuellement à sauver, était définitivement perdu parce qu'on le donnait à garder à d'autres qu'à eux. Le malheur des autorités militaires est de ne pas comprendre que la colonie est faite pour le colon, non pour le soldat, pour rapporter de l'argent aux premiers, et non pas des grades aux seconds, de ne pas comprendre que l'on peut trouver des alliés chez les Annamites : de croire que tout homme de race jaune est un ennemi, et avant de savoir qui il est et ce qu'il vaut, de commencer par taper dessus, à cause de la couleur de sa figure : de s'imaginer être en pays conquis et non pas dans un royaume dont les habitants ont, en somme, les mêmes droits que nous ; et enfin de n'avoir confiance qu'en eux-mêmes pour une besogne où leurs aptitudes et leur nombre sont insuffisants.

Des principes semblables ne peuvent conduire qu'à des aberrations dangereuses, à une exagération de l'effectif de l'armée, et de l'importance aujourd'hui secondaire de son rôle, par suite, à des dépenses considérables et inutiles, et au dédain, d'auxiliaires précieux et économiques, que nous avons tout formés sous la main.

.·.

Il est un principe que les plus braves et les premiers à se défendre sont ceux qui sont attaqués directement, ceux dont la fortune et l'existence sont mis en danger ; ce sont donc les villages attaqués, qui du reste ont montré mille fois l'envie de se défendre par eux-mêmes. Dans Haiduong — dans le Thuynguyên notamment — les habitants, avec de vieux pierriers chinois, avec de vieilles armes trouvées je ne sais où, ont, plus d'une fois, repoussé de leurs barrières ces fameuses bandes de Luuky, que l'armée elle-même ne put jamais atteindre, et devant lesquelles elle est obligée de fuir, quand elle les rencontre, parce que en somme elle ne combat pas en désespérance, pour ses intérêts primordiaux, comme font les villageois attaqués dans leurs maisons. On ne peut douter que les villages armés ne fassent, s'ils veulent, de la bonne besogne, et que les pillards, sachant qu'ils seront reçus partout par les fusils des villages en attendant ceux des milices, ne se tiennent désormais plus circonspects et tranquilles.

Il n'y a donc que des avantages à la création des gardes cantonales et communales, à deux conditions du moins :

La première, c'est que les postes de milice soient nombreux, les colonnes assez imprévues et assez fréquentes, pour pouvoir faire presque journellement l'inspection des armes et des munitions confiées, pour que le caïtong et le bambiên se sachent, à courte distance, soutenus sérieusement ; pour qu'ils n'aient pas envie de se sauver, avec, ou même sans leurs fusils. La seconde, c'est que l'organisation de ces forces cantonales consiste, non dans une distribution d'armes nouvelles, mais simplement dans la proclamation du droit, pour tous les petits fonctionnaires, d'avoir au grand jour les armes qu'ils ont en cachette. Ils nous en ont pris, nous leur en avons donné, ils en ont acheté bien assez, pour se constituer un nombre suffisant de défenseurs, et, une fois mises au grand jour et cataloguées, ces armes ne seront plus pour nous le danger qu'elles sont aujourd'hui. C'est aussi la promesse, quand ces braves gens auraient pris des armes aux rebelles, de les leur laisser pour leur défense.

Si en outre on ne procède que très doucement dans l'application du nouveau système; si on ramène à soi, en les dotant d'un léger commandement, des têtes que l'inaction échauffe contre nous; si dans toute la portion frontière de la colonie, on applique un système contraire : si dans les autres provinces du territoire, on fait un tri scrupuleux entre fidèles et suspects; si on fait miroiter aux yeux de ces derniers un armement personnel en récompense d'une soumission et d'un dévouement sans réserve; alors ainsi appliqué, le projet peut réussir et donner, au bout de quelques mois, les résultats que l'on attend de lui.

D'ailleurs ce système, déjà mis partiellement en pratique dans une grande province par un résident judicieux et très au courant des choses de sa juridiction, donne de merveilleux résultats, auxquels il ne s'attendait pas lui-même. La garde indigène en fut sur les dents; mais qu'importe, quand le résultat est obtenu. Or, le but atteint là peut être atteint ailleurs; il peut l'être partout.

.·.

C'est contre ces maraudeurs que doivent être faites les colonnes de police.

Lorsque pour une cause ou une autre une province est atteinte de la maladie du pillage, et ne paye plus l'impôt, on la fait occuper par les mandarins militaires, que l'on fait appuyer par des forces de milice. Un haut fonctionnaire indigène, sous le contrôle du gouvernement, dirige les opérations. Chaque village est occupé par un délégué des quanans et un détachement protecteur de linhcos. A main armée, on fait rentrer les impôts; on affame, on traque, finalement on saisit les famille suspectes et on les supprime; on fouille les maisons, les bambous, le sol, les fonds des marais et des rizières, et on y trouve des cachettes d'armes; on déterre et on met sous garde les ossements des ancêtres des maraudeurs fuyards: on confisque les titres de propriété. Les justiciers Annamites sont très aptes à ces besognes, froidement et lentement cruelles, que les Européens n'auraient ni la patience ni le flegme d'accomplir, et qui pacifient un pays plus sûrement que n'importe quelle suite de brillants succès.

Il suffit d'ailleurs de voir le résultat des colonnes de police de 1889 contre le doi Van et de 1891 contre Tanta Thuat, dans lesquelles les fusils furent pris et les incendiaires décapités par centaines, pour être convaincu de l'excellence de ce moyen, économique et relativement rapide. Le seul inconvénient qu'il a, est d'enrichir promptement les justiciers. Mais si nous n'employons pas une certaine catégorie de nos mandarins à pressurer nos ennemis, étant donné le caractère déprédateur de tout indigène, ils s'emploieraient à pressurer des populations amies ; il vaut donc mieux les utiliser à une besogne que nous ne regretterons pas plus tard, et que nous sommes certains qu'ils accompliront parfaitement.

\*
\* \*

Par son but même, le *Pirate* est celui de nos adversaires qui doit être le moins ménagé ; car il abandonne volontairement une vie paisible et possible, pour s'élever contre nous, sous couleur d'affection pour le roi Ham Nghi, ce qui est le plus futile des prétextes ; mais en réalité par haine contre notre domination, sans y être forcé, ni par la misère, ni par les exactions, ni par quelque motif que ce soit, autre que l'intempestive envie de voler et guerroyer. A l'encontre de nos autres ennemis, celui-là n'a pas d'excuse valable pour prendre les armes, et nous n'avons qu'à le réfréner vigoureusement, par tous les moyens que les armes et la législation coutumière mettent à notre disposition.

A part le cas, assez rare de plusieurs bandes atteignant un trop considérable effectif, la répression de la piraterie doit être dévolue tout entière à la garde indigène.

Et ici je prétends que c'est le rôle de cette force de police de combattre ces ennemis, si bien armés, si audacieux qu'ils soient, et en voulant s'y opposer seule, l'armée sort de son rôle, et veut en embrasser un pour lequel ses indiscutables qualités sont inutiles. Et je le prouve.

Le pirate, blotti dans son repaire, n'en sort que pour faire un coup heureux, profiter d'un hasard, d'une absence de surveillance; il marche vite, silencieusement, se dérobe, et disparait. Ce n'est pas un redoutable; c'est un insaisissable; l'imprévu de son attaque en constitue le seul danger. Il ne saurait nous résister: s'il est surpris il est battu. Pour l'atteindre il faut des troupes:

1º Absolument renseignées sur la force, la disposition, l'emplacement momentané de l'ennemi. Or, tandis que les résidents sont, par les fonctionnaires indigènes très au courant de ce qui se passe; tandis que dans le cours de sa marche, le chef des gardes, qui connait la langue et le pays peut partout recueillir des informations précieuses : le général n'est mis au courant par ses renseignements militaires que d'une façon tout à fait défectueuse, ne peut donner que des instructions incomplètes à son chef de colonne; et celui-ci, effrayant tout le monde de son appareil guerrier, avec le peu d'expérience qu'il a des hommes et des choses de l'Extrême-Orient (étant donné le séjour ridiculement court des officiers dans la colonie) ne peut s'éclairer en chemin de rien ni de personne.

2° Toujours prêtes à partir, d'une discrétion et d'une mobilité absolues. Or, tandis que les miliciens, sans bagages, sans vivres, sans sacs, savent vivre d'un bol de riz et coucher sur la dure, et sont prêts au premier coup de clairon, tandis que leurs cadres européens, peu considérables, vivent à l'indigène, et n'ont droit à aucun moyen de transport, les militaires ne marchent pas sans convois nombreux; les hommes ont des vivres, des sacs, des hamacs;

les officiers ont des coolies qui portent leur popotte et leur lit : les cuisiniers, les palefreniers, les boys suivent ; une compagnie européenne en marche ressemble à Israël en exode vers la Terre Promise. Tous ces préparatifs demandent d'ailleurs un temps énorme, pendant lequel il se fait dans la garnison un tel remue-ménage, que le pays tout entier est averti de ce qui va se passer.

3° Infatigables, dures à la marche, aux souffrances et aux maladies. Or tandis que les Européens des milices sont à cheval et narguent ainsi la fatigue, tandis que les indigènes nu-pieds, trottent silencieusement des journées entières, se moquant de la faim, de la pluie, du soleil et du chemin, les troupes européennes, encombrées de bagages, incapables de sortir des sentiers tracés, marchent avec une désespérante lenteur, se mettent à l'abri quand il pleut, font des ponts pour traverser les arroyos sans se mouiller, ne marchent pas la nuit parce qu'il fait trop noir, ni le jour parce qu'il fait trop chaud, attrapent des plaies à la pluie, des congestions au soleil, des fièvres par tous les temps, et ne sauraient en aucune façon rivaliser de vitesse avec ceux qu'elles cherchent et que naturellement elles ne trouvent pas.

Aussi n'étonnerai-je personne en déclarant que les principes de la chasse aux pirates ne ressemblent en rien à ceux de la guerre ordinaire. Tout d'abord, le pays doit être sillonné constamment de reconnaissances de miliciens, que ce pays soit ou non pacifié ; ces reconnaissances ne sont pas destinées à combattre les ennemis, mais à empêcher leur rassemblement. La crainte du gendarme étant dans tous les pays le commencement de la sagesse, jamais les pirates ne se formeront en troupe, quand ils sauront qu'à chaque instant ils peuvent être suivis, croisés, coupés par une ronde de milice, sortie on ne sait d'où et allant n'importe où.

Si, par un défaut de surveillance ou un hasard quelconque, un rassemblement a lieu cependant, comme le pays est sillonné constamment, et que par conséquent les fonctionnaires sont très fidèles, on sait à 200 mètres près où se trouvent les pirates, à 10 hommes près combien ils sont, à une heure près ce qu'ils sont en train de faire : avec des renseignements aussi précis, il n'y a plus d'aléa dans un combat : il n'y a qu'à se jeter tête baissée sur l'obstacle; et voici à ce sujet, quelques notions dont l'application réussit toujours en pareilles circonstances.

\*
\*  \*

Je sais que, en Europe, il faut tourner, couper, envelopper et développer ça à ses subordonnés avec de grands gestes de faucheur ; mais ici on ne coupe guère, les gens sont trop disséminés ; et on enveloppe encore moins, car là où il n'y a de chemins nulle part, c'est que le chemin est partout. Quant à tourner et à surprendre des gens qui se font garder par des sentinelles perchées sur des arbres, ou enfouies jusqu'au cou dans des mares, à dix kilomètres des cantonnements qu'ils occupent, il faut être un Peau-Rouge pour y seulement songer. Le seul moyen d'attraper les pirates, c'est d'aller très vite, de tâcher de passer entre deux de leurs postes d'observation, de n'être aperçu que le plus tard possible, enfin de tâcher d'arriver sur les lieux aussi vite que les avertisseurs. Cela n'est pas commode. Cela suppose, en effet, une grande connaissance du pays, un repérage exact des positions ennemies, une science absolue de tous les détours des chemins, un flair constant pour éventer et dépister les sentinelles, et enfin une mobilité de troupes extrêmement considérable portée à un maximum forcément inconnu aux Européens. Ce simple exposé suffit à expliquer comment, malgré les meilleures volontés du monde, on ne trouve presque jamais les pirates.

D'ailleurs, il ne faut pas songer user de la science acquise en un point. Jamais un parti ennemi ne s'installera une seconde fois dans un cantonnement d'où il aura été chassé, surtout dans le même dispositif. Ces gens ont trop de tours à leur service, pour recourir à un que l'expérience leur aurait déjà démontré mauvais.

Quand donc des Européens voient des pirates, ils peuvent être assurés que c'est parce que ces pirates le veulent; ils sont donc attendus avec toutes les chances de la situation et du nombre, et ils risquent fort de tomber dans un guet-apens généralement hardi et bien préparé. Lorsqu'un point a donné lieu à une surprise avantageuse pour les pirates, ceux-ci y reviennent toujours, fût-ce plusieurs mois après, et ils tendent sur le même emplacement un traquenard absolument contraire au précédent, ou, sur un emplacement voisin, un traquenard semblable. (Exemple : les deux surprises de Taydang, les trois de Camdai, et tout particulièrement, les deux combats de Phu-Hoai, l'un à droite, l'autre à gauche du Pont de Papier, et où, à six ans de distance, Francis Garnier et le commandant Rivière furent tués dans une embuscade identique.) (1). — Telles sont les règles tactiques de nos ennemis. Ajoutez à cela qu'ils ne craignent pas de fuir, qu'une retraite, où notre poursuite ne leur a tué personne, compte chez eux comme un succès, et vous aurez tous les secrets stratégiques des pirates. Ils auraient bien tort d'en changer, car

---

(1) Pour être absolument exact, je dirai que le commandant Rivière fut fait prisonnier à Phù-Hoai, ainsi que son ordonnance, par le chef pavillon-noir Ba Thuong qui désirait en avoir une rançon ; l'ordonnance ayant essayé de s'enfuir, et brûlé la cervelle à Ba Thuong d'un coup de revolver, le commandant Rivière eut seulement alors la tête coupée par l'ordre de Ongtuu (Luuvinhphuoc) qui était présent. Ceci m'a été raconté, par un ancien côdên, témoin oculaire.

ceux qu'ils ont leur ont donné jusqu'ici d'assez beaux résultats.

Il suffirait cependant qu'un chef fût bien convaincu de cela, pour ne jamais conduire ses troupes, non pas à une catastrophe, mais même à un léger revers. Il pourra, pendant des mois entiers, courir après les pirates sans en tuer, peut-être même sans en voir, mais jamais sa troupe ne sera surprise. Et cependant, allant avec une vitesse extrême dans toutes ses opérations, et exigeant de ses hommes une mobilité excessive, il ne pourra prendre aucune des précautions tactiques de marche indiquées dans les théories ni dans les services. Ces précautions font manquer l'occasion quand l'ennemi est inférieur, et dans ce pays-ci, elles sont totalement impuissantes à préserver de la surprise qu'elles cherchent à éviter. La vitesse, la vitesse continue, la vitesse à outrance, telle est la seule règle pour atteindre l'ennemi inférieur, ou pour échapper à l'ennemi en forces. Maintes fois, nous avons éprouvé la vérité de ce principe. Et maintes fois aussi, pour n'avoir pas suivi cette ligne de conduite, les chefs de reconnaissance se sont mordu les doigts, et ont invectivé les savantes théories de nos armées européennes.

.˙.

Il faut très rarement se servir d'avant-garde, et presque jamais de flanqueurs. Si le pays est de plaine, vous voyez vous-même assez loin, car ces plaines sont d'une absolue rigidité, et les vingt hommes que vous mettez en avant-garde ne font que gêner votre rayon visuel. En pays de forêts et de montagnes, le flanqueur, s'il est à plus de cinquante mètres de votre flanc, est isolé, et on peut lui couper le cou sans que vous vous en aperceviez. Donc, il faut qu'il soit beaucoup plus rapproché, que vous le voyiez; et comme d'ailleurs, il ne peut rien distinguer à 10 mètres en dehors de lui, ce flanqueur ne flanque plus : c'est un monsieur qui, marchant en dehors du sentier dans la brousse ou dans la forêt vierge, ralentit horriblement votre marche; il ne saurait vous rendre aucun service : donc pas de flanqueurs.

Quant à se servir d'avant-garde dans un pays fourré, c'est la plus terrible erreur que l'on puisse commettre. Les pirates le savent fort bien. S'ils ne sont pas en nombre, ils prennent leurs précautions pour pouvoir filer rapidement, tombent sur votre avant-garde, la massacrent et se sauvent. Vous arrivez juste à temps pour panser les blessés.

Si les pirates sont en force, ils laissent paisiblement passer votre avant-garde, laquelle va de l'avant avec prudence, mais ne saurait deviner ce qu'il y a au loin dans les taillis. Puis, quand vous arrivez, confiant dans votre avant-garde, qui n'a rien vu, vous recevez à bout portant des feux de salve qui vous tuent des hommes, et désordonnent les autres. Après quoi, il va sans dire que vous ne revoyez jamais votre avant-garde. Ceci est la manœuvre favorite des pirates, et nous nous y faisons prendre journellement avec une constance ridicule. Supprimez l'avant-garde, et soyez vous-même attentif. Et lorsqu'un endroit paraît trop dangereux (si on ne peut, bien entendu, l'éviter) au lieu de le faire fouiller, ce qui perd un temps énorme, allez-y tête baissée; traversez-le à la diable, suivi de vos hommes au galop. J'ai vu trois cavaliers faire fuir de la sorte cinquante pirates, parce que les cinquante pirates se demandaient ce qu'il pouvait bien y avoir derrière ces trois cavaliers pour les rendre si hardis; or ces cavaliers n'avaient derrière eux ni rien ni personne, et produisirent l'effet d'une compagnie. Cette tactique a bien souvent épouvanté les pirates, qui se retiraient devant l'audace des assaillants; même eussent-ils attendu, ils ne sont pas encore assez bons tireurs pour tuer beaucoup de monde à la course. Il faut être convaincu que, à la chasse aux pirates, le nombre et la science théorique ne sont rien et que le flair et la valeur morale sont tout.

De même pour les attaques de position, il n'y a pas de règles invariables; ceux qui en donnent sont des guerriers qui n'ont jamais fait la guerre. Mais il faut presque toujours condamner la préparation à l'attaque par des feux de salve, et surtout par l'artillerie; c'est une méthode excellente contre des gens qui se tiennent derrière des remparts; ici vous tirez à côté et les gens se moquent de vous; ou vous tirez dessus, et ils se sauvent : Vous entrez triomphalement sur une position où il n'y a plus personne. En Europe c'est bon de prendre des villes : ici il ne faut pas prendre des villes, mais des pirates. Chaque village est une citadelle : quand vous l'aurez emporté avec beaucoup de fatigues, vous sortirez pour aller prendre le village suivant; celui que vous avez chassé, en profitera pour rentrer : Ce n'est pas par des ponts ou des murs emportés, c'est par des prisons remplies et par des têtes coupées que l'on éteindra la piraterie en Indo-Chine.

∴

C'est à l'observation ininterrompue de ces principes qu'un inspecteur que je connais, qui n'a jamais commandé moins de 800 hommes, et après avoir lutté dans les parties les plus troublées du Tonkin, doit, pendant un commandement de quinze mois, de n'avoir perdu ni un homme ni une arme. Et je ne sais pas si quelqu'un, militaire ou civil, placé dans les mêmes conditions de responsabilité, d'indépendance et d'importance de commandement, peut s'enorgueillir d'un plus beau résultat. C'est un fort rôle, semble-t-il, qui est donné là aux gardes indigènes, et on a sur eux déversé tant d'insultantes accusations qu'ils en paraissaient, aux yeux d'un grand nombre, indignes.

Le moment serait venu, pourtant, d'ouvrir les yeux à la vérité. Depuis deux ans — et c'est avec intention que je me renferme en ce laps de temps — les milices ont rendu à la pacification cinquante fois plus de services que l'armée régulière. Toujours debout, toujours en route, toujours à l'affût des moindres occasions, le nombre des prisonniers qu'elles ont fait, des fusils qu'elles ont pris est à peu près incalculable. Je connais une brigade, que je ne veux pas nommer, qu'on pourra reconnaître cependant à la désignation des points où elle a lutté, qui tue en moyenne un pirate par jour et prend un fusil.

Et comme je ne veux pas avoir l'air de fabriquer une légende, je cite un passage, pris au hasard, du journal des marches de cette brigade, le mois de mars 1891. Tous les autres mois se ressemblent. Et encore, pour ne pas être taxé d'exagération, j'ai omis tous les faits d'armes, toutes les rencontres, qui n'ont pas été signalées aux journaux, publiées, et dont chacun par conséquent peut faire la preuve.

## Brigade de ...... 1891

### JOURNAL DE MARCHES DU MOIS DE MARS

| Dates | LIEUX ET DÉSIGNATION DE LA RENCONTRE | Pirates tués | Pirates pris | Pirates blessés | Armes prises | Cartouches prises |
|---|---|---|---|---|---|---|
| 5 | Affaire de Binhluc (huyen Dong-Trieu).......... | 2 | » | » | 2 Winchester | » |
| 7 | Affaire de Kinh-Thanh (Thanhham).......... | 5 | » | » | 3 id. | » |
| 8 | Affaire de Loxa-Sa (Camgian). Mort du quan Luoc................ | 29 | 1 | » | 1 Gras | 200 |
| 9 | Surprise d'un convoi pirate à Doxuyên...... | 15 | 20 prisonniers délivrés. | | | |
| 10 | Affaire de Duyênlinh (Chilinh).......... | 3 | 1 | » | » | » |
| 13 | Affaire de Ngahoang.... | 16 | 1 | » | » | » |
| 18 | Affaire de .... près Nhalo (Dongtrieu).......... | 2 | » | » | 1 revolver | » |
| 19 | Affaire de ..., près Nga-Thé............... | 6 | 12 | 15 | idem | » |
| 20 | Affaire de..., près Than-Mien (le blessé est le frère du doc Qui)..... | 3 | » | 1 | idem | » |
| 21 | Affaire de Chicat (le tué est le Dedoc Dam)..... | 1 | » | » | » | » |
| 24 | Affaire de ..., près Namsach............. | 10 | » | » | » | » |
| 25 | Affaire de Phuongxa.... | 3 | » | » | 5 Gras | » |
| 26 | Affaire de Lunxa (un tué est le lanh-binh-cau).. | 4 | » | » | » | » |
| 27 | Affaire de Dong-Duc (le doc Than est tué)..... | 6 | 4 | » | 1 Gras | » |
| 31 | Surprise d'un convoi fluvial pirate sur l'arroyo de Yeneu............ | 12 | 4 | » | idem | 100 |

Je suis donc en droit d'affirmer que, pendant ce mois comme pendant tous les autres, cette seule brigade a remporté plus d'avantages et causé plus de mal aux pirates, que, pendant le même laps de temps, le corps d'occupation tout entier.

La garde indigène a perdu des fusils, c'est vrai, et on en sait le chiffre; il n'atteint pas 100. C'est principalement à Bangnhi, à Dongngoc, à Chobo, que ces pertes ont eu lieu; elles ont été accusées immédiatement. C'est toujours trop, certainement, mais c'est comparativement peu, si on considère que tous les jours les miliciens s'exposent à l'ennemi, et si l'on apprend que entr'autres armes, une brigade seule a repris 118 fusils ayant appartenu, suivant l'estampille de la crosse, au 4e régiment de tirailleurs tonkinois, régiment qui ne marchait guère cependant; et, en multipliant ces exemples, ce qui est oiseux ici, attendu qu'on peut le faire facilement partout, on se convaincra que, si la milice est le corps qui prend le plus de fusils, c'est elle aussi qui en perd le moins. L'armée perd des fusils aussi, quand elle marche; mais elle n'a pas, comme les milices, des ennemis parmi les Français, qui publient ses pertes et qui s'en réjouissent. Si je sais que souvent, comme après Quangnap, par exemple (mai 1891), on cite à l'ordre de l'armée des soldats, qui, ayant dans la bataille perdu tout le reste, ont sauvé leurs personnes, si j'ai vu, sur les portes de la résidence de Chobo, des traces de balles Lebel, lesquels Lebel n'ont pu être perdus que par l'infanterie de marine, puisque l'infanterie de marine seule en est armée; du moins il ne faut pas attendre de moi que je fasse un tableau des pertes des troupes régulières, ni un catalogue de leurs douleurs, estimant mauvaise la réciproque d'un procédé détestable.

\*.\*

On veut bien dire que ces fusils et ces munitions que les milices ne perdent pas, elles les vendent. M. Bévin, auteur de « *Milices et piraterie* » (Lavauzelle 1891) daigne apprendre au public comment cela se pratique.

L'inspecteur et ses miliciens marchent aux pirates, et déclarent avoir brûlé 300 cartouches, par exemple : or ils en ont tiré 150 aux moineaux, et ont vendu les 150 autres aux ennemis qu'ils étaient chargés de poursuivre! (même ouvrage, pages 18 et 19). Nous laisserons cette plaisanterie pour ce qu'elle vaut ; c'est la coutume des timorés de voir des traîtres partout. N'en déplaise à M. Bévin, nous n'avons jamais connu qu'un soldat trafiquant ainsi avec les rebelles ; ce n'était pas un milicien, c'était un Européen appartenant à la marine, et que le bruit public disait être neveu d'un officier général.

Mais ces vérités ne peuvent se produire que parce que les cadres européens de la milice sont composés du rebut de l'armée (page 22). Pourquoi alors — scènes auxquelles j'ai vingt fois assisté — l'état-major d'un régiment se dérange-t-il, lorsqu'un sous-officier veut passer dans la milice, pour l'en dissuader ? pourquoi donc, pour éviter que les meilleurs sujets continuent à y émigrer, le général en chef a-t-il demandé au ministère de refuser les réengagements de tous les sous-officiers détachés à la milice, qui, à l'expiration de leur congé, ne rejoindraient pas leur corps ? si ces gens étaient du rebut, il semble qu'on ne tiendrait pas tant à les conserver ou à les reprendre. Je me demande aussi pourquoi des instances perpétuelles sont faites aux officiers détachés dans les milices, pour les faire rentrer dans l'armée ; je me demande pourquoi trois d'entre eux ont reçu la Légion d'honneur sur-le-champ de bataille. M. Bévin ignore — ou feint d'ignorer — tout cela. Il prononce des injures et ne cite aucun fait. Il ne connait que sa haine, et à son profit, défigure sciemment la vérité à chaque ligne d'un pamphlet, dont je rougirais de m'occuper plus longtemps.

.˙.

Quant à la bravoure des milices, quant au dévouement à leurs chefs de ces gardes, la preuve n'est plus à faire. Une troupe européenne, quelle qu'elle soit, n'aura jamais pour un supérieur l'affection désintéressée, que ces petits soldats portent aux leurs. Je n'ai pas leur éloge à faire, ni leurs hauts faits à rappeler. Ils sont écrits à chaque page de l'histoire de ces dernières années ; il n'y a plus rien à dire sur le compte de ces modestes et vaillants serviteurs (1). Et je tiens à déclarer hautement et sans passion que, après avoir commandé au Tonkin toutes les espèces d'unités européennes et indigènes, c'est chez les miliciens, — que cette déclaration soit bien ou mal venue, — que

(1) Voici un extrait d'un article du journal l'*Indépendance tonkinoise* où sont cités quelques-uns des traits de vaillance auxquels il est fait allusion ici :

..... Tous nous avons ici nos revers et nos douleurs ; tous, combattant pour la même cause, nous avons nos jours de défaite comme nos jours de gloire. Mais c'est une infamie de nous jeter, en guise de reproche, nos morts à la tête. Lâches, les gardes civiles ! les brigades qui depuis le commencement de l'hiver sont sur pied, et traquent sous les commandements les plus divers, tous les révoltés du Delta? Allons donc ! ne venez pas nous dire cela à nous, qui les avons vues, qui les voyons à l'œuvre ! Lâche cette garde civile de Sontay, par exemple, qui voyant à Banghmi son chef tombé à la première décharge combattit pendant deux heures pour sauver le mort? lâche, ces quarante-deux qui se firent tuer avec leurs phoquans sur le cadavre de Moulin, et qui moururent si près l'un de l'autre qu'il n'y avait pour eux tous qu'une seule tache de sang? lâche, ce bêp clairon qui, blessé au bras et à la jambe, se cacha deux jours dans la brousse, et revint au quartier, se traînant à terre, et tirant derrière lui 3 fusils de ses camarades morts? — Lâche, ce doï de milice de Tuyênquang, qui, son poste étant attaqué par une foule de Chinois, le garde principal étant tué, prit en main la défense, se battit en désespéré, chassa les envahisseurs du cantonnement incendié et des fortifications à demi détruites, les poursuivit à son tour, et leur prit 17 armes?

j'ai trouvé le plus de résistance, de courage, de respect et de dévouement.

\* \*

Les rebelles, si nous étions assez forts, nous n'aurions qu'à les écraser sans merci. Mais,

— Lâche, cette garde civile, qui dans les plus dures circonstances, courut pendant trois mois sans interruption tous les sentiers du Bavi, harcelant un ennemi souvent victorieux, et le forçant à repasser la rivière Noire, tandis que le chef de bataillon, envoyé contre le même adversaire avec des Européens et de l'artillerie, avait tenu la campagne trois jours, avait fait charger ses canons en sortant de Sontay, et n'avait pas cru devoir prendre le contact? Lâche, ce doï de Dachung, qui avec 12 gardes, défendit victorieusement toute une nuit contre les partisans du doc Daï, son poste encore inachevé, et son rempart à tous les vents ouvert. — Lâche, le chef indigène d'escorte qui l'autre jour, attaqué par 150 rebelles aux Roches Notre-Dame, se battit pendant trois heures, et, tandis que les deux Européens qu'il accompagnait avaient fui, brûla toutes ses cartouches, usa celles de 17 hommes qu'il perdit, et se retira, face à l'ennemi, n'ayant plus que cinq hommes valides et rapportant tous ses fusils? — Et c'est partout et toujours comme ça. Pourquoi voulez-vous qu'ils ne vaillent rien, ces soldats qui viennent d'être, deux ou trois ans, tirailleurs, et que tout le monde vante, tant qu'ils ont une ceinture et un chapeau rouge? Ne dites pas qu'ils ne sont bons à rien, ils sont bons en tous cas à être mis en avant-garde dans toutes les opérations combinées, et à se faire tuer aux quatre coins de la colonie, ce qu'on ne se prive pas de leur demander, ce dont ils ne se plaignent pas du reste.... (Samedi 9 mai 1891, n° 211).

aujourd'hui que nos effectifs sont réduits, nous ne pouvons songer à exterminer ceux devant lesquels a reculé la brigade africaine de Négrier, et contre lesquels n'ont pas marché les 57,000 hommes du général de Courcy.

Il est des cas cependant, où la force seule doit agir. Rebelles intraitables, ou anciens rebelles se révoltant de nouveau, ou traîtres à la parole donnée, doivent être avec la dernière rigueur traités et pourchassés. C'est aux chefs militaires alors à prendre la direction des opérations, à réunir sous leur commandement toutes les forces vives et disponibles, et à marcher à l'ennemi, mais ils doivent, le faire dans des conditions telles qu'ils ne puissent subir d'échecs, et que leurs succès soient rapides et foudroyants. Voilà pourquoi j'estime que ces interventions doivent être courtes et rares, et que les combats de tous les jours ne sont pas faits pour elles.

Et à ce sujet, je dois établir ici une distinction, afin qu'il n'existe aucune ambiguïté sur le sens de ces études, et que des choses que je n'y ai ni dites, ni voulu dire, ne me soient pas reprochées. Personne plus que moi n'est à même de savoir ce qu'ont fait au Tonkin nos troupes régulières. Et je crois que si c'était à refaire n'importe lequel de nos dix-neuf corps d'armée le referait sans peine. Mais cette armée, sur la patience, le courage et le bonheur de laquelle c'est un crime de faire attendre un instant l'affirmation, nous ne l'avons plus depuis 1888. Avec la ligne, les chasseurs, le génie, l'armée d'Afrique, la moitié de la légion, elle est partie. Elle n'a pas été remplacée par des unités de même valeur.

C'est fâcheux à constater. Mais les généraux de l'infanterie de marine, éclos dans la poussière et l'ombre des couloirs ministériels, inconnus de tous jusqu'au jour où on les met à la tête d'un corps d'occupation, insuffisamment préparés par le travail bureaucratique et paperassier à la subite besogne qui leur incombe, ne valent pas les généraux de la guerre, toujours alertes et expérimentés, en manœuvres, à pied et à cheval. Mais les officiers d'infanterie de marine, pris pour la plupart parmi les derniers de nos écoles, curieux seulement d'avancement, fatigués de leur séjour en d'autres climats, endormis sur les lauriers de Bazeilles, qu'ils sont trop jeunes pour avoir aidé à cueillir, imbus de principes mauvais et arriérés pendant les périodes qu'ils accomplissent, le cœur et le corps las, à leurs portions centrales de France, ne valent pas les officiers à culotte rouge ou noire, qui ont usé leurs yeux sur des livres d'art et leurs souliers sur les grandes routes, et ont conservé intactes, dans les garnisons métropolitaines, leur foi et leurs illusions militaires. Mais enfin les soldats, hâtivement recrutés parmi les bambins de dix-neuf ans, des fils de famille en veine de repentir, ou des Parisiens indiciplinés, ne valent pas les hommes recrutés indistinctement sur la terre française, indistinctement parmi le peuple des provinces et qui représentent, dans tout l'éclat de sa jeunesse et de sa vigueur, le sang franc, malgré tout généreux et impavide.

C'est pourquoi l'infanterie de marine n'accomplit pas avec le même succès ni avec le même entrain la besogne qu'accomplissaient ses aînés.

C'est pourquoi, avec bien du monde, je suis convaincu que, si les hommes de la guerre étaient restés au Tonkin, il n'y aurait plus de pirates ; et que si les généraux de la guerre étaient restés au Tonkin il n'y aurait jamais eu de discordes, car ils représentaient une somme de valeur intellectuelle et morale devant laquelle tout le monde se serait incliné — Si je précise ici cette immense différence, c'est que en plusieurs constatations que j'ai faites au cours de ces études, constatations parfois pénibles, je ne veux pas qu'on voie une dépréciation quelconque de l'armée française.

∴

J'ai donné quelques aperçus sur la manière dont la garde indigène devait mener la reconnaissance, la marche, et l'attaque, je l'ai fait parce que la garde est destinée à un rôle spécial, pour lequel aucune règle n'a jamais été établie, et que les conseils donnés ne sont que le fruit d'expériences heureuses. Il va sans dire que les expéditions militaires doivent être préparées et conduites d'une tout autre manière : et il ne m'appartient pas, à moi, modeste, de répéter les principes éternels de guerre, que tant de plumes savantes ont écrits et que tant d'esprits sagaces appliquent tous les jours. J'appuierai seulement sur ceci : qu'en Indo-Chine, plus encore qu'ailleurs, le service des renseignements est d'une importance capitale, qu'il doit être fait avec une exactitude parfaite, et contrôlé dans les détails avec une absolue minutie. C'est le secret de toutes les victoires.

Aujourd'hui, qu'un grand territoire leur est concédé, sous la seule autorité du gouverneur général, en indépendance de tous les autres, les chefs militaires vont avoir une grande responsabilité, qui leur pèsera d'autant plus lourd sur les épaules, qu'ils l'ont plus énergiquement réclamée, en gens assurés de la porter légèrement. Aussitôt cette responsabilité prise, et ceci venant en preuve de mon dire de tout à l'heure, bien qu'ils aient dès longtemps déclaré que les miliciens étaient une mauvaise troupe, bien que, personnellement, ils préfèrent l'infanterie de marine à tout autre corps, ils ont demandé et obtenu un renfort de 1,500 légionnaires et de 4,000 miliciens. Il faut espérer que, à l'usage, ils deviendront plus justes avec les indigènes et moins exclusifs dans la distribution des récompenses aux Européens, les légionnaires ayant été, depuis deux ans, sacrifiés dans toute la mesure du possible.

Le gouverneur général ne paraît pas être sans une certaine inquiétude au sujet des auxiliaires nouveaux qu'il vient de se donner. Nous n'en voulons pour preuve que sa circulaire du 3 septembre 1891. A chaque ligne sont recommandées la douceur envers les indigènes, la protection des biens indigènes, et entre chaque ligne perce l'effroi de voir continuer cette tradition toute militaire, qui consiste à traiter les habitants comme des conquis et leurs biens comme des conquêtes. C'est là qu'est la pierre d'achoppement de tout le système; c'est la raison pour laquelle il est à craindre qu'il ne s'écroule aussi rapidement qu'il a été élevé.

C'est à force d'adresse, de ruse, de louvoiements, que nos résidents ont empêché les peuples des montagnes de former une ligue contre nous; or le tact administratif ne s'apprend pas dans les théories militaires données à des chefs civils; il faut espérer que l'évènement démentira ces prévisions. Mais il est à redouter que, à part un seul qui a déjà donné sa mesure dans la pacification de la haute rivière Noire, les chefs militaires ne soient vis-à-vis des indigènes qu'on leur a confiés ni assez puissants pour les vaincre, ni assez politiques pour les convertir.

\*\*

Car, à de rares exceptions près, c'est par des concessions intelligentes, par l'effacement de nos anciens dénis de justice, par des négociations habilement menées, que nous pouvons arriver à la désunion du faisceau des résistances, et à la pacification du pays.

Les soumissions volontaires d'abord sont le meilleur et le plus économique des moyens de pacification. Ainsi Deovan Tri, Luongtam Ky, soumis depuis deux ans, ainsi Thanh Huy soumis depuis hier, sont et seront les plus fermes soutiens de notre autorité, si nous nous contentons sur eux d'une souveraineté débonnaire. Une grande finesse y est nécessaire, car il ne faut pas acheter ces soumissions trop cher, et le comble de l'adresse est, comme cela arrive parfois, de les obtenir sans conditions; pour cela il faut consentir à traiter ces chefs, bien qu'ils soient jaunes, en égaux d'abord, en alliés ensuite, et non pas comme de la chair à canon. Ces soumissions sont très avantageuses; il n'est pas rare que, dans un pays, nous ayons deux ennemis, il est rare au contraire que ces deux ennemis s'entendent; nous devons donc, en attaquant exclusivement l'un, faire sentir à l'autre qu'il doit, dans son propre intérêt, se joindre à nous pour écraser son rival; ce qui s'obtient assez facilement. Et quand le rival est écrasé, non seulement le second ennemi se trouve trop faible pour nous résister; mais encore, habitué à nous par la campagne qu'il vient de faire à nos côtés, pénétré de notre supériorité, il reste ce qu'il était, c'est-à-dire un partisan à notre service, qui peut témoigner de grandes qualités, si on a le tact de ne l'employer qu'aux besognes qui lui conviennent. C'est ainsi que Bagang, notre ancien ennemi, est notre plus dévoué soldat dans le Haiduong. C'est ainsi que Thanh Huy défendra plus tard notre province de Cho-Bô, contre ceux-là mêmes qu'il aidait autrefois à nous y massacrer.

Ensuite le travail donné à tous également, la prospérité et l'aisance dans la paix à ceux qui ne trouvent souvent que la misère dans la guerre, fera jeter à beaucoup d'entre les révoltés le fusil pour le pic ou la pioche.

De grands travaux vont être accomplis ; dans un but, à la fois commercial et stratégique, des routes vont être ouvertes, des chemins de fer construits, des bâtiments et des remparts élevés : ce n'est pas qu'à nos condamnés et à nos disciplinaires qu'il faut donner la main-d'œuvre : il faut en faire une sorte de travail national, afin que les paysans des hautes régions trouvent dans ces travaux, en même temps que l'assurance de notre définitive possession, leur pain de chaque jour. Il n'y a pas à hésiter, pour l'accomplissement d'un travail manuel de longue haleine, — si extraordinaire que cela puisse paraître, — à traiter à forfait avec un chef de bande, et si celui-ci est convaincu de l'importance du travail, et du bien-être immédiat qu'il pourra en retirer — et cette conviction viendra après la première expérience — il remettra ses projets de luttes aux calendes grecques et ses fusils aux mains de ceux qui lui offriront du pain sans la bataille; on se rappelle comment, en 1888, le colonel Servière pacifia la région de Coabang, en utilisant les bandits qui désolaient jadis le territoire à construire des maisons et à y faire des routes. Nul doute que ce procédé ne réussisse ailleurs.

Il y a aussi de nombreuses sociétés minières qui peuvent employer, fructueusement pour tout le monde, cette catégorie d'individus. Mais il faut que, là au moins, l'administration exerce une active surveillance.

Il existait une exploitation d'argent et de plomb, au bord de la rivière Noire, sur le territoire de Sontay, dont les ouvriers impayés n'avaient d'autres moyens pour se procurer des vivres, que de rançonner les barques qui parcouraient la rivière, et les villages de leurs environs.

On fut obligé, après avoir nettoyé ce singulier personnel, d'établir un poste à côté de la mine, pour protéger le pays contre les mineurs.

L'Association chinoise de Haïphong qui dirigeait les mines de Dongtrieu (propriétaire;

M. S...., général chinois en retraite) sous la raison sociale Mychéong, avait fait bien mieux. Pour ne pas être inquiétée par Luuky, elle avait passé traité avec lui : quand Luuky n'avait plus d'occasions de se battre, ses rebelles inactifs étaient embauchés à la mine, qui était remplie subitement d'une activité fébrile ; y avait-il un bon coup à faire ? les mineurs disparaissaient, reprenaient le fusil caché dans la brousse, et le charbon affleurant déjà au sol de Ngoihoang se recouvrait de la poussière de l'abandon.

Cependant la mine, où nulle force armée n'osait entrer, tant on eût crié à la contrainte de la liberté commerciale, servait de refuge de halte de nuit, de point d'embuscade et de ralliement à ces singuliers pirates, qui lorsqu'on courait après eux, s'armaient de pioches, se noircissaient les mains, et vous faisaient de grands saluts, quitte une fois qu'on les laissait tranquilles, à venir razzier les convois des Européens (comme à Lamxa en juillet 1891) ou à venir massacrer les miliciens en train de construire un poste (comme à Donson, le 11 août de la même année). Il faut donc admettre que, si le protectorat emploie les anciens rebelles, il doit être interdit aux sociétés ou aux individus concessionnaires quelconques d'employer les rebelles actuels avec le cynisme dont il est fait preuve aujourd'hui, sous peine d'être déchus de leurs privilèges et même poursuivis comme ennemis publics.

.·.

Enfin, il sera bon de reconstituer les agglomérations disparues, celles que formaient les paysans devenus pirates, en leur concédant des terres, en les exonérant d'impôts pendant quelques années, en leur donnant des titres de propriété, et en leur laissant la liberté de leur commerce. Je n'insisterai plus — on l'a fait longuement ailleurs — sur la monopolisation de l'opium, de la badiane, etc…, qui nous a valu l'inimitié d'Aquoc Thuong, de Than Giât, des Thôs de Caobang, des Mans, de Cho-Bo ; il sera bon de rendre à ces gens le commerce légal qu'on leur a enlevé, et de fermer les yeux sur le commerce illégal qu'il feront en paix par la ruse, tandis qu'ils le font aujourd'hui en guerre par la force. Nous ne pouvons arrêter le torrent de tous ces gens-là; endiguons-le. C'est là seulement que nous ferons de la pacification rapide, économique et durable.

Que ce soit des civils ou des militaires qui la fassent, il importe peu, pourvu qu'elle soit faite : c'est à notre chef suprême — seul indépendant, mais seul aussi responsable — de voir quels sont les meilleurs des instruments qu'il a en main, et de les approprier aux besognes qu'il veut qu'on fasse. Il a besoin pour cela, non seulement de la connaissance des choses, mais aussi de la connaissance des hommes; il faut qu'il soit un scruteur de consciences et un évaluateur de caractères. Et en dehors des luttes et des appétits, quels que soient ceux qu'écrase la roue changeante de la fortune, nous devons — en bons patriotes tonkinois que nous nous flattons d'être — souhaiter aux hommes qui seront choisis, une vue assez longue, assez claire, assez dominatrice des événements et des esprits, pour se rendre maîtres rapidement des uns et des autres.

FIN

# TABLE DES MATIÈRES

|  |  | Pages |
|---|---|---|
| Chapitre I. | Organisation des rebelles au Tonkin | 7 |
| — II. | Action intérieure des résidences | 33 |
| — III. | — extérieure — | 93 |
| — IV. | La lutte contre les rebelles | 133 |
| — V. | Trois modes de répression | 191 |

IMP. CH. LÉPICE, 10, RUE DES CÔTES, MAISONS-LAFFITTE.

*A LA MÊME LIBRAIRIE*
Envoi franco au reçu du prix (mandat ou timbres-poste)

## AUGUSTE CHIRAC

# L'AGIOTAGE
## SOUS LA TROISIÈME RÉPUBLIQUE
### TROISIÈME ÉDITION
Deux volumes in-18 Jésus . . . . . 7 francs

L'auteur se propose de faire, à grands renforts d'anecdotes scandaleuses et de noms propres, « l'histoire de tous les tripotages financiers qui ont, depuis dix-huit ans, mis à sec l'épargne publique et fait le vide dans les caisses de l'État ». Il suffit d'un mot pour définir le caractère de cette compilation : c'est pour la France financière le pendant de la *France juive*, de M. E. Drumont. (*Journal des Débats*, 2 juillet).

Un pamphlet sanglant, mais aussi un ouvrage documentaire intéressant et instructif. (*Indépendance Belge*, 29 juillet).

Deux volumes dont on peut dire qu'ils sont redoutables. (*Gazette de France*, 11 juillet).

Le livre montre dans une argumentation serrée et inflexible, jusqu'à quel cynisme imprévoyant peuvent aller des classes dirigeantes improvisées et sans éducation préalable. Il révèle la situation intolérable faite aux *petits* par la coterie juive qui draine le capital national, sans le moindre souci des intérêts des travailleurs... Je ne puis d'ailleurs ni ne veux analyser ici ces deux volumes, bondés de faits et saisissants d'actualité douloureuse. (*Observateur Français*, 21 juillet).

Pamphlet en deux gros volumes, où sont impitoyablement étalés, chiffres en main, les tripotages financiers qui ont scandalisé, depuis dix-huit ans la morale publique. (*Nouvelle Revue*, 1er août).

La grande volerie agioteuse s'étant perpétuée et même extensifiée sous la troisième République, Toussenel et Duchene devaient avoir des continuateurs et les ont eus en la personne d'Auguste Chirac et d'Édouard Drumont. Du moment où les agissements des monopoleurs et des accapareurs financiers constituent un véritable danger public et se traduisent en spoliations mongoliques, nous avons voulu appeler l'attention du public démocratique sur ces livres vengeurs. (*L'Homme Libre*, 2 août).

Dans aucune œuvre contemporaine n'ont été dévoilés, analysés, catalogués, expliqués, flétris avec cette science certaine et cette maëstria justicière, les tripotages financiers et les intrigues politiques de la bande rapace et malfaisante des tripoteurs. (*Intransigeant*, 18 juillet).

*A LA MÊME LIBRAIRIE*
Envoi franco au reçu du prix (mandat ou timbres-poste)

## KALIXT DE VOLSKI

LA
# LA RUSSIE JUIVE

### TROISIÈME ÉDITION

Un volume in-18 Jésus . . . . . . 3 fr. 50

---

Cette production forme pour l'Empire moscovite le pendant de la *France juive*. (*Journal des Débats*).

Ce livre a pour moi la valeur d'un témoignage.
(*Rappel*).

C'est une œuvre de combat ; mais c'est aussi et surtout un livre d'étude. (*National*).

Ouvrage documenté et curieux, qui a sa place marquée dans la bibliothèque de tous ceux qu'indigne ou simplement inquiète la conquête juive. (*Pilori*).

Curieux renseignements sur la vie et la condition sociale ou politique des Juifs d'Orient. (*Écho de Paris*).

Ce livre est une œuvre de combat, qui retrouvera la même faveur que la *France juive*. (*Mémorial diplomatique*).

La *Russie juive* est un livre à méditer..., de tels livres ne sont pas assez nombreux. *Bibliographie catholique*).

Toute la presse allemande et russe parle de ce livre étonnant qui ressemble à la *France juive* d'Édouard Drumont... L'auteur y peint au vif la Russie juive, c'est-à-dire l'influence immense et occulte que les Juifs y exercent, au moyen de l'usure, de la vente de l'alcool et d'autres infâmes spéculations.
(*Osservatore catolico*).

*Envoi franco au reçu du prix (mandat ou timbres-poste)*

## GEORGES BARRAL

# HISTOIRE DES SCIENCES
## SOUS NAPOLÉON 1er

1 vol. in-18 jésus.................. **3 fr. 50**

Un admirable mouvement scientifique est né avec Bonaparte. Sous son influence personnelle et immédiate, il a pris un développement extraordinaire, sous le Consulat et l'Empire. Jamais on n'a vu pareille floraison de savants aussi illustres et de découvertes aussi fécondes. Le demi-siècle enfermé dans ces deux dates mémorables, 1769 et 1821, est marqué par les plus beaux génies scientifiques des temps modernes. L'histoire de cette époque merveilleuse, illuminée par les Berthollet, Carnot, Chaptal, Cuvier, Laplace, Lamarck, Delambre, Lalande, Larrey, Legendre, Guyton de Morveau, Monge, Fourcroy, Prony, Oberkampf, Vauquelin, etc., manquait à notre enseignement. M. Georges Barral en la composant a produit une œuvre patriotique et non de parti; elle remplit une lacune et arrive bien à son heure, aujourd'hui où la science, la grande triomphatrice de 1889, peut se considérer comme la fille légitime de tous ces glorieux savants.

Le lecteur trouvera dans ce livre, écrit dans un style clair et coloré, nourri de faits et d'anecdotes instructives, non-seulement le récit de la vie scientifique de Napoléon, de celle de tous les savants de son temps, mais encore un exposé des découvertes, des inventions et des fondations industrielles qui ont inauguré le dix-neuvième siècle.

*Le Pays*, 4 août 1889.

*EN VENTE A LA MÊME LIBRAIRIE*

## GEORGE BASTARD

# ARMÉE DE CHALONS

I. **Sanglants Combats**
II. **Un jour de Bataille**
III. **Charges héroïques**
IV. **Défense de Bazeilles**
} ouvrage complet.

Quatre volumes ornés de dessins, de cartes et de plans

*Chaque volume se vend séparément*

ENVOI FRANCO AU REÇU DE **3** FR. **50** TIMBRES OU MANDAT

---

Intérêt de roman, fièvre de patriotisme, il y a de tout cela.

*Le Figaro.*

Ce livre est bien vu, vivement conduit, il est tout entier empreint d'un sentiment très juste de patriotisme. Le détail est piquant, l'épisode amusant et les incidents fourmillent.

*Le Gaulois.*

On trouvera à côté de tout ce qui a été écrit sur ce sujet un grand intérêt au récit de cette journée : la précision, la variété des détails et des anecdotes dont l'auteur a su le parsemer.

*Le Matin.*

Si M. G. Bastard trouve et suscite des imitateurs, l'historien futur n'aura plus qu'à dégager la leçon qui ressort de tant d'incidents minutieusement décrits, sans qu'il risque d'encourir jamais le reproche d'inexactitude. M. G. Bastard est un écrivain doublé d'un apôtre qui s'est épris d'une généreuse affection pour cette malheureuse armée de Châlons tant calomniée.

*La République française.*

Voilà un livre qui sent la poudre !

*L'Illustration.*

C'est l'histoire des combats par l'histoire des combattants. C'est très intéressant comme effet et d'un procédé qui n'est pas vulgaire. On conçoit quel intérêt cette forme d'exposition donne au livre et combien cela le rend vivant.

*La Revue Bleue.*

Rien de plus réconfortant, rien qui vous mette plus de rage au cœur et aussi vous donne plus d'espérance que cette lecture attachante et sombre.

*La France.*

Depuis plusieurs années un écrivain militaire consciencieux, M. G. Bastard, s'est attaché à retracer la minutieuse histoire de l'armée de Châlons. Il interroge les uns et les autres ; il ne s'en rapporte pas toujours aux pièces officielles ; il n'hésite pas à faire un voyage qui lui permet une conversation avec un survivant de ces combats ; il recueille les souvenirs des paysans ; bref, il se livre à une enquête poussée à fond qui est fort émouvante par la saveur de vérité des détails, par la notion exacte des plus petits épisodes.

*Le XIXe Siècle.*

Sans phrases, par le simple énoncé des faits, par la rigoureuse exactitude du détail technique, par le minutieux exposé du mouvement des troupes, aussi bien que par le tableau de l'ensemble des opérations militaires, M. G. Bastard a composé une suite d'ouvrages qui, réunis, formeront ce que l'on peut appeler le livre d'or de l'armée française en 1870.

*La Patrie.*

# A LA MÊME LIBRAIRIE

Envoi franco au reçu du prix (mandat ou timbres-poste)

## LÉO TAXIL ET PAUL VERDUN

# LES ASSASSINATS MAÇONNIQUES

Un volume in-18 jésus, 3 fr. 50.

Les auteurs ont emprunté à l'histoire ou aux annales judiciaires un certain nombre de célèbres assassinats commis par les franc-maçons dans l'intérêt de la secte. Le volume renferme dans quinze chapitres le récit d'un égal nombre de drames maçonniques. Un important préambule nous montre comment se fabrique un assassin.
*Univers*, février 1890.

Grâce au livre de MM. Léo Taxil et Paul Verdun, on a autre chose que des données vagues. Ces auteurs ont, avec un vrai courage, précisé les faits, raconté les crimes dans les plus minutieux détails, et l'on comprend que les affiliés à la secte soient déconcertés par d'aussi terribles révélations.
*Messager de Toulouse*, 19 février 1890.

Ce nouveau livre est des plus instructifs... Tous les assassinats politiques de ce siècle sont passés en revue et les auteurs y montrent irréfutablement l'œuvre maçonnique caractérisée par Léon XIII dans son encyclique.
*Samedi Revue*, 28 décembre 1889.

Les auteurs de ce volume, dans l'introduction, démontrent péremptoirement que les rites pratiqués dans les loges sont conçus de manière à *insinuer* l'idée de l'assassinat politique aux adeptes et leur disent incessamment une sorte de *qui potest capere capiat*.
*Le Polybiblion*, février 1890.

*A LA MÊME LIBRAIRIE*
Envoi franco au reçu d'un mandat-poste ou timbres

## JOURNAL DE FIDUS

# LE PRINCE IMPÉRIAL

Un volume in-18 jésus : **3 fr. 50**

Ce qui assigne au nouveau livre une place à part dans cette série et lui donne un intérêt tout spécial, c'est l'abondance de documents relatifs au Prince Impérial que l'on y rencontre, et qui en justifie le titre. Le Prince honorait M. Loudun de sa confiance et de son amitié.

*Le Triboulet*, 9 novembre 1890.

Outre l'attrait du récit, on est charmé tout le long du livre par la touchante figure du Prince Impérial. M. Loudun expose les grandes lignes d'un projet de Constitution élaboré par le jeune Prince. Ces documents sont d'une haute curiosité.

*Le Pilori*, 16 novembre 1890.

C'est assurément le meilleur et le plus véridique de tous les récits qui ont paru sur cette navrante catastrophe.

*Petit Caporal*, 20 octobre 1890.

Fidus est un Saint-Simon plein de couleur, très sûr et très bien informé.

*Salut public*, 24 novembre 1890.

À LA MÊME LIBRAIRIE

## NAPOLÉON BONAPARTE

# ŒUVRES LITTÉRAIRES

Publiées par Tancrède MARTEL

*4 volumes in-18 jésus. . . . . . . 14 francs*

---

Le livre de M. Martel est plein d'admiration, d'enthousiasme et de vérité... Il met dans un format maniable le suc même de la correspondance et c'est excellent.
     *Lettres et Arts*, mai-juillet 1888.

Napoléon 1er fut réellement un grand écrivain, historien à la manière de César et Xénophon, portraitiste comme Saint-Simon, orateur comme Périclès, pamphlétaire et satyriste comme Swift, journaliste même aux premières heures de sa vie politique...

Parmi les publications de ce temps, celle-ci marquera certainement comme une des plus curieuses.
     *Gaulois*, 27 juillet 1888.

Bonaparte s'y montre écrivain de génie. Le fragment sur l'histoire de Corse est un des plus beaux mouvements de notre langue, l'expression d'une âme, déjà effrénée, mais encore pure... Aucun de ces textes n'est inédit, mais on ne les avait pas encore tous réunis en un recueil et il n'est certainement pas, dans la génération actuelle, dix personnes qui les aient lus.
     *Justice*, 26 novembre 1887.

## A LA MÊME LIBRAIRIE

### BARON A. DU CASSE

# SOUVENIRS D'UN AIDE DE CAMP
## DU ROI JÉROME

*Un volume in-18 jésus : 3 fr. 50*

C'est sans doute un aimable vieillard que le baron du Casse, mais qu'il a de terribles souvenirs ! Il les conte dans un volume qui mérite par sa verdeur et la franchise du texte de prendre place à côté de ceux de M. Viel-Castel. C'est plus honnête et ce n'est pas moins drôle.

*Paris,* 21 octobre 1890.

Écrit avec verve, ce volume fait revivre avec agrément et sans méchanceté un coin de ce monde impérial où le laisser aller des aventuriers se mêlait si singulièrement avec la morgue des parvenus et l'étiquette obligée des cours.

*Revue historique,* janvier 1890.

Les lecteurs que n'effaroucheront pas les mots crus du prince Napoléon trouveront en ce livre ample matière à papotages sous le manteau. Tudieu ! il n'est pas bon d'avoir pour aide de camp un chef d'escadron bavard et qui écrit.

*Art et Critique,* 22 novembre 1890.

Ces souvenirs sont piquants, bourrés d'anecdotes et semés d'indiscrétions où, sans sortir de la réserve qui convient, l'auteur dit assez vertement leur fait à quelques-uns de ceux qu'il a pu voir de près.

*Livre,* 10 novembre 1890.

Ils sont amusants ces souvenirs. Le baron du Casse a la mémoire plus longue que tendre.

*Liberté,* 25 octobre 1890.

*A LA MÊME LIBRAIRIE*

Envoi franco au reçu du prix (mandat ou timbres-poste)

---

## MARQUISE DE TAISEY-CHATENOIS

# A LA COUR DE NAPOLÉON III

### Sixième mille

Un volume in-18 jésus : **3 fr. 50**

Après les souvenirs en surface de l'indulgente madame Carette sur la cour de Napoléon III, voici les mémoires fort lestement retroussés de madame la marquise de Taiseney-Chatenoy. On ne s'ennuyait pas aux Tuileries s'il faut en croire ces témoignages indiscrets. Ces révélations expliquent et justifient bien des regrets, et l'on comprend trop bien les retours de mélancolie dont ne peuvent se défendre, en traversant le Carrousel désert et vide, les survivants de ces temps joyeux.

*Le Siècle*, 26 novembre 1890.

C'est l'Empire intime que la gaie malveillance de la marquise de Taiseney-Chatenoy nous dévoile crûment.

*Revue du Cercle militaire.*

La marquise de Taisey nous raconte aujourd'hui ses Mémoires. Elle parle peu d'elle ; en revanche, elle est sur les autres d'une indiscrétion rare.

*La Bataille*, 4 novembre 1890.

Ce sont des souvenirs personnels sur les réceptions des Tuileries, et principalement sur l'élément féminin. En somme, livre amusant et bien instructif, bien qu'il nous reste peu à apprendre sur les intimités impériales.

*Le Jour*, 1er décembre 1890.

La marquise n'engendre pas la mélancolie. Elle rafraîchit les évènements avec esprit, pour n'en montrer que le côté plaisant ou ridicule, presque l'inénarrable ; et elle réveille les personnages de leur oubli pour cingler leur mémoire d'une satire. Elle a du goût pour ce qu'un autre siècle eût appelé la chronique scandaleuse. Elle sait qu'elle n'écrit pas l'histoire, sa tâche comporte donc une partialité qui en fait le piquant, et elle ne dissimule pas ses sympathies et antipathies, surtout ses antipathies.

*Le Soir*, 9 novembre 1890.

*A LA MÊME LIBRAIRIE*

## JOURNAL DE FIDUS

### LA
# RÉVOLUTION DE SEPTEMBRE

*Un volume in-18 jésus :* **3 fr. 50**

---

Il y a là matière à nombreux emprunts pour l'historien, non qu'il faille accepter tous les dires de l'auteur : il est, en effet, le partisan, le fidèle de l'Empire, partant son avocat, et l'on ne doit pas se fier à une plaidoirie, mais s'en servir.
*Spectateur militaire,* 15 août 1890.

Voici un récit pris sur le fait de ces temps douloureux du siège et du bombardement de Paris par les Prussiens. Il peint au vif les hommes et les choses... Il ne tiendra pas à Fidus que la réalité ne soit connue. C'est le meilleur éloge de sa franchise servie par un incontestable talent.
*Polybiblion,* mars 1890.

On sait combien Fidus est renseigné sur tout ce qui concerne le parti bonapartiste.
*Justice,* 3 décembre 1888.

Ce sont des mémoires personnels, intimes même, que nous lisons... L'auteur, mêlé de près aux événements, n'a négligé aucun des détails qui formeront un jour l'acte d'accusation soumis au jugement de l'histoire. Il sera certainement l'un des premiers parmi les témoins à charge contre les hommes de Septembre. Il sera aussi l'un des plus intéressants à consulter.
*Soleil,* 29 juillet 1889.

La Révolution de Septembre racontée par lui est un appât inévitable pour les fureteurs, et les historiens ne pourront jamais se dispenser de consulter ces notes concises et nourries de faits.
*Moniteur de la Nièvre,* 28 mai 1890.

*A LA MÊME LIBRAIRIE*

## JOURNAL DE FIDUS

# LA CAPITULATION

*Un volume in-18 jésus : 3 fr. 50*

Fidèle à son rôle d'historien impartial, l'auteur nous fait assister à ce désordre sans nom, à cette misère, à ces honteuses débauches qui ont signalé le gouvernement de la soi-disant Défense nationale, gouvernement sans prestige et sans virilité en face de la coalition révolutionnaire.

*Petit Caporal*, 10 décembre 1889.

Pages très intéressantes qui seront des documents précieux en même temps qu'exacts pour les historiens de l'avenir.

*Le Voleur*, 10 mars 1890.

Les pages consacrées à l'incendie de Paris sont de toute beauté, d'une beauté effrayante, saisissante, inoubliable. Mais M. Loudun n'est pas seulement, dans ce livre instructif, un narrateur brillant. C'est aussi une sorte de Tacite chrétien, qui voit de haut, juge de même et flétrit sans pitié l'iniquité triomphante.

*Messager de Toulouse*, 2 décembre 1889.

Tout le livre est plein d'émotion, de couleur et de vérité... Des nombreux volumes d'impressions et de souvenirs publiés sur cette période de l'histoire contemporaine, il n'en est pas qui réveille plus fortement le souvenir de ces grandes scènes chez les témoins oculaires, et qui en donne une idée plus saisissante et plus vraie aux personnes qui furent assez heureuses pour ne pas les traverser.

*Union de l'Ouest*, 16 novembre 1889.

Envoi franco au reçu du prix (mandat ou timbres-poste)

## JOURNAL DE FIDUS

# L'ESSAI LOYAL

Un volume in-18 jésus : **3 fr. 50**

Notes au jour le jour d'un bonapartiste qui avait la foi, qui a conservé l'espérance, mais qui manque parfois de charité... Quelques souvenirs curieux, quelques anecdotes piquantes, tout cela bien conté.

*Gazette de France*, 31 mai 1890.

Ce volume nous donne sur les divers événements la pensée d'un impérialiste qui voudrait par un coup de main militaire restaurer le régime impérial. Fidus fait parler beaucoup les personnages et le récit est ainsi rendu très piquant... Mais je ne sais si toutes les personnes accepteraient la responsabilité des paroles mises sur leurs lèvres... Quant aux anecdotes sur telle ou telle personne, sur tel ou tel sujet, elles sont nombreuses et racontées avec humour.

*Polybiblion*, août 1890.

Fidus vient de publier un troisième volume, qui est peut-être le plus intéressant de la série. Il abonde en faits piquants et en détails inédits. Les entrevues que l'auteur eût avec l'Empereur quelque temps avant sa mort font l'objet d'intéressants chapitres.

*Journal de la Meurthe et des Vosges.*

Les souvenirs de M. Loudun auront un jour la valeur des journaux de l'Etoile, de Mathieu Marais, de Barbier etc... C'est là seulement qu'on pourra trouver le dernier mot de certaines négociations dont le dénouement a été gardé secret.

*Salut public.*

Envoi franco au reçu du prix (mandat ou timbres-poste)

## AUGUSTE CALLET

# Origines de la Troisième République

Un volume in-18 jésus : **3 fr. 50**

M. Charles Callet a trouvé dans les papiers de son père le rapport que M. Auguste Callet avait préparé au nom de la Commission d'enquête sur les actes du gouvernement du 4 septembre. Ce rapport n'a jamais été publié. Ces pages sont remplies de documents et de renseignements. Elles remettent en scène tous les hommes politiques qui ont joué un si triste rôle autrefois.
*Gazette de France*, 12 juin 1889.

Lisons et faisons lire l'ouvrage de M. Callet. Tout y est historique, tout y est vrai... Dans ces pages on entend parler et on voit se ruer au pouvoir tous ceux qui aujourd'hui font figure d'hommes d'État. Ce que dit M. Callet est pris sur le fait, est attesté par des pièces publiques.
*Polybiblion*, août 1889.

L'auteur de cet ouvrage est un ancien membre des Assemblées nationales, rapporteur de la Commission d'enquête sur le 4 septembre : il était donc bien placé pour voir de près les événements. Aussi trouve-t-on ici des révélations appuyées sur des documents peu connus ou oubliés, et nombre de détails du plus haut intérêt sur les hommes et les choses de ce temps.
*Nouvelle Revue*, 15 juillet 1889.

C'est le commencement du rapport que M. Callet devait soumettre à l'Assemblée nationale, réquisitoire sévère que la Commission ne crut pas devoir faire paraître, en raison des vivacités de plume du rapporteur.
*Débats*, 18 juin 1889.

# MÊME LIBRAIRIE

Envoi franco contre mandat ou timbres-poste

### Louis Gastine
Patria.................................. 3 50
Le Mal du Cœur..................... 3 50

### Auguste Gaud
Coboche de fer, 2ᵉ édition........ 3 50

### Baron de Gaucler
L'Enfant du Temple................. 3 50

### Jean Gorsas
Talleyrand, Mémoires, Lettres inédites et Papiers secrets, 4ᵉ mille. 3 50

### Georges Gourdon
Les Villageoises, 2ᵉ édition....... 3 50
Le Sang de France (Préface de Pierre Loti)............................. 3 50

### Rémy de Gourmont
Sixtine................................. 3 50

### Félix Gras
Le Romancero provençal........... 4 »

### Eugène Guénin
La Russie............................. 3 50

### Urbain Guérin
L'Évolution sociale................. 3 50

### Guy-Valvor
Une Fille............................. 3 50
L'Oiseau bleu........................ 3 50
Sadi, 2ᵉ édition..................... 3 50

### A. Hamon et Georges Bachot
L'Agonie d'une Société, 2ᵉ édition. 3 50
La France politique et sociale (1890) 2 vol................................ 7 »
Ministère et mélinite............... 3 50

### Jules Hoche
Le Vice sentimental................. 3 50
Causes célèbres de l'Allemagne.... 3 50
Féfée................................. 3 50

### Henrik Ibsen
Théâtre. (Revenants, Maison de Poupée)............................. 3 50
Le Canard sauvage (Rosmersholm). 3 50
Hedda Gabler....................... 3 50
La Dame de la mer (Un ennemi du peuple)............................. 3 50

### Laisnel de la Salle
Souvenirs d'un grenadier.......... 3 50

### Camille Lemonnier
Un Mâle.............................. 3 50
Noëls flamands...................... 4 50
Les Peintres de la vie.............. 3 50
Ceux de la Glèbe.................... 3 50

### Jean Lombard
L'Agonie (Rome IIIᵉ siècle), 2ᵉ édition 3 50
Byzance (VIIIᵉ siècle), 2ᵉ édition... 3 50
Un Volontaire de 1792.............. 3 50
Lois Majeures....................... 3 50

### Jacques Le Lorrain
Nu..................................... 3 50
Le Rosset............................ 3 50

### Eugène Loudun
Les Suicidés......................... 3 50

### Marcel Luguet
Élève-Martyr, 2ᵉ édition............ 3 50
En guise d'amour, 2ᵉ édition...... 3 50
Tendresse............................ 3 50

### Georges de Lys
L'Idylle à Sodom.................... 3 50

### Lucien Macaigne
Maître Leteyssier................... 3 50
Un Héritage......................... 3 50

### Mahé de la Bourdonnais
Mémoires historiques............... 4 »

### Charles Malato
Révolution Chrétienne et révolution sociale............................... 3 50

### Auguste Marin
L'Étoile des Baux................... 3 50

### Joseph Maire
Les Topasines........................ 3 50

### Paul Marguerite
Tous quatre.......................... 3 50
Maison ouverte...................... 3 50
La Confession posthume............ 3 50

### Christophe Marlowe
Théâtre, préface de Richepin...... 3 50

### Mat Gioi
Tonkin actuel........................ 3 50

### Henri Mazel
Le Nazaréen......................... 3 50

### Ch. Merki et J. Court
L'Éléphant........................... 3 50

### Xavier Merlino
L'Italie telle qu'elle est............ 3 50

### Gaston Méry
L'École où l'on s'amuse, 2ᵉ édition. 3 50

### Henri Monet
René Pierson........................ 3 50
La Martinique....................... 5 »

### Pierre Monfalcone
Monte-Carlo intime................. 3 50

### Georges Moore
Confessions d'un jeune Anglais.... 3 50

### Louis Morosti
Les Problèmes du paupérisme..... 3 50

### Félix Narjoux
Francesco Crispi, 2ᵉ édition....... 3 50
Français et Italiens................ 3 50

### Ch. Nauroy
Révolutionnaires.................... 3 50

### L. Nemours Godré
Les Cyniques, 2ᵉ édition........... 3 50
Daniel O'Connell, sa vie, son œuvre. 3 50

### François de Nion
L'Usure.............................. 3 50
La Peur de la mort.................. 3 50

---

Paris, imprimerie de G. Balitout et Cᵉ, 7, rue Baillif.

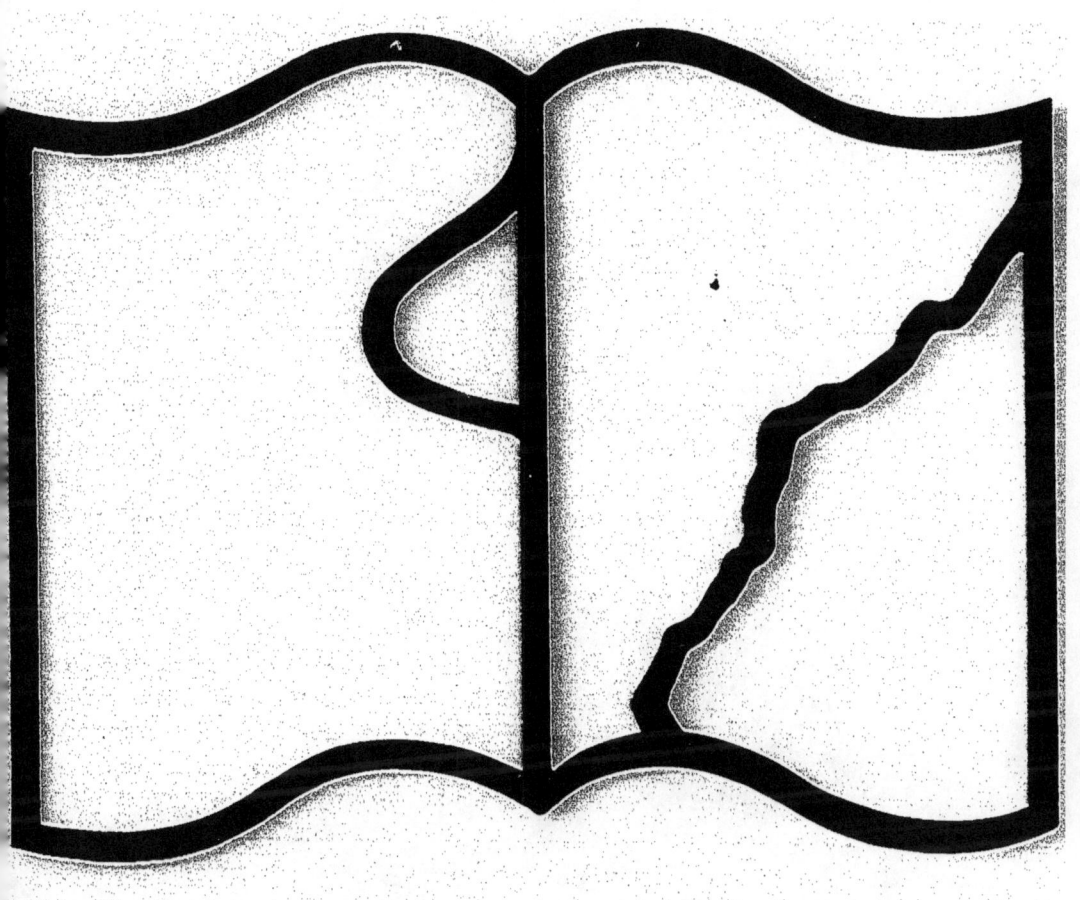

Texte détérioré — reliure défectueuse

**NF Z 43-120-11**

www.ingramcontent.com/pod-product-compliance
Lightning Source LLC
Chambersburg PA
CBHW070633170426
43200CB00010B/2005